U1070325

ZHUANLI SHENCHA ZHINAN XIUDING DAODU

专利审查指南修订导读2010

国家知识产权局专利局审查业务管理部

知识产权出版社
INTELLECTUAL PROPERTY PUBLISHING HOUSE

责任编辑：牛洁颖　　　　责任校对：韩秀天
装帧设计：张小力　　　　责任出版：卢运霞

图书在版编目（CIP）数据

专利审查指南修订导读2010/国家知识产权局专利局审查业务管理部.
—北京：知识产权出版社，2010.8
ISBN 978-7-5130-0091-8
Ⅰ.①专… Ⅱ.①国… Ⅲ.①专利-审查-法规-中国-指南
Ⅳ.①D923.42-62
中国版本图书馆CIP数据核字（2010）第131122号

专利审查指南修订导读2010
ZHUANLI SHENCHA ZHINAN XIUDING DAODU 2010
国家知识产权局专利局审查业务管理部

出版发行：知识产权出版社
社　　址：北京市海淀区马甸南村1号　　邮　　编：100088
网　　址：http://www.ipph.cn　　邮　　箱：bjb@cnipr.com
发行电话：010-82000860转8101/8102　　传　　真：010-82005070/82000893
责编电话：010-82000860转8109　　责编邮箱：niujieying@sina.com
印　　刷：北京富生印刷厂　　经　　销：新华书店及相关销售网点
开　　本：880mm×1230mm　1/32　　印　　张：9.5
版　　次：2010年8月第1版　　印　　次：2010年8月第1次印刷
字　　数：250千字　　定　　价：25.00元
ISBN 978-7-5130-0091-8/D·1037（3035）

前　言

《专利审查指南》作为国家知识产权局的部门规章，不仅是专利局和专利复审委员会在专利申请的受理、审批、复审和专利权的无效宣告请求审理等各个阶段依法行政的依据和标准，也是有关当事人在上述各个阶段应当遵守的规章。

为适应专利法及其实施细则的修改，同时进一步完善专利审批的有关规定，国家知识产权局于2008年11月启动了《审查指南》的修订工作，经过多方调研、征求意见、反复讨论、几易其稿，《专利审查指南》（2010版）于2010年1月21日公布，并于2010年2月1日起施行。

此次《审查指南》的修订以适应专利法及其实施细则修改为主，兼顾优化程序设置、提高专利审批效率、规范审批行为而对申请、审查操作实践中出现的需要调整的内容进行的修改，以及将一些经过实践检验已相对成熟的做法以申请、审查标准的形式固化下来，以指导规范实践操作行为而进行的修改。此次《审查指南》的修订自始至终得到了国家知识产权局领导的关心和支持，以及各有关部门的大力协助，各部分执笔人更是不辞辛苦，为《审查指南》的修订贡献了自己的智慧；此外，各地方知识产权局、专利代理机构、企事业单位、科研院所的广大知识产权从业人员也为此次《审查指南》的修订提出了许多富有建设性的宝贵意见，在此表示衷心的感谢。

为了方便广大知识产权从业人员更好地学习和理解修订后的

《专利审查指南》，国家知识产权局专利局审查业务管理部组织参与《专利审查指南》修订工作的部分人员编写了《专利审查指南修订导读2010》，对《专利审查指南》各章节的具体修订进行了详细的解释和说明。其中的具体分工为：第一部分第一章、第三部分、第五部分第一章至第九章和第十一章：何越峰、王靖梅、孙传利、吴离离、刘丽君、李莉、田明、隋保明、张聚敏、唐田田；第一部分第二章：雷春海、付刚、袁泉、卜芳、杨平、谢伟；第一部分第三章：林笑跃、刘稚；第二部分：李永红、茅红、孙广秀；第四部分、第五部分第十章：张茂于、崔峥、钱亦俊、孙跃飞、刘铭。审查业务管理部的葛树、蒋彤、杨克非、周东莉、李虹奇、庞华、韩秀艳、毕艳红参加了该导读的审校工作。

为方便读者学习《专利审查指南》时参阅本导读，本导读采用了与《专利审查指南》各部分一致的顺序和标题。由于并非每部分的所有章节都有修改内容，所以本导读中的各章与《专利审查指南》中章的序号不一一对应，但导读每章都对应《专利审查指南》的某一章，所对应的具体章可从导读各章的开篇内容中得知，导读各小标题括号内标注的具体节或小节是对应的《专利审查指南》相关章的节或小节。由于时间紧迫，本导读难免有疏漏之处，如有与专利法及其实施细则以及专利审查指南的相关规定不一致之处，请以专利法及其实施细则以及专利审查指南的相关规定为准。

本书编写组

2010 年 7 月 30 日

略 语 表

本表为本书中出现的法律法规及部门规章的缩略实例，左侧为本导读中出现的法律法规及部门规章的缩略名称，右侧为全称。

专利审查指南	《专利审查指南 2010》
审查指南	《审查指南 2006》
专利法	《中华人民共和国专利法》（1984 年 3 月 12 日第六届全国人民代表大会常务委员会第四次会议通过，根据 2008 年 12 月 27 日第十一届全国人民代表大会常务委员会第六次会议《关于修改〈中华人民共和国专利法〉的决定》第三次修订）
专利法实施细则	《中华人民共和国专利法实施细则》（2001 年 6 月 15 日中华人民共和国国务院令第 306 号公布，根据 2010 年 1 月 9 日《国务院关于修改〈中华人民共和国专利法实施细则〉的决定》第二次修订）
专利合作条约	《专利合作条约》（1970 年 6 月 19 日签订于华盛顿，2001 年 10 月 3 日最新修改）
专利合作条约实施细则	《专利合作条约实施细则》（1970 年 6 月 19 日通过，现为 2007 年 4 月 1 日起施行的文本）

目　　录

第一部分　初步审查

第二部分　实质审查

第三部分　进入国家阶段的国际申请的审查

第四部分　复审与无效请求的审查

第五部分　专利申请及事务处理

第一部分

初步审查

第一章　发明专利申请的初步审查

专利法以及专利法实施细则的修改对于发明专利的申请与审查程序作了一些调整。据此，专利审查指南对于有关制度作了相应的补充和细化，专利审查指南对第一部分第一章的修订主要包括以下三个方面：第一，根据修改后的专利法实施细则第四十四条的规定，对发明专利申请初步审查范围进行调整；第二，从简化专利审批程序，提高行政审批效率的角度着眼，将审查实践中所形成的比较成熟的做法加以总结，修改了部分内容；第三，对于原审查指南中部分表述不准确的内容，进行必要的文字梳理。

专利法及其实施细则涉及第一部分第一章内容的修改，除了体现在具体的法律条款序号的变化外，部分条款的修改也导致有关的专利审查标准发生了变化。本书在介绍有关适应性修改的内容时，将着重介绍涉及具体审查标准变化的专利审查指南的修订内容。对于仅涉及专利法及其实施细则条款序号变化的，本书不再赘述。

原审查指南中，第一部分第一章分为七节，修订后的专利审查指南将其调整为八节，增加了“依职权修改”一节。

一、关于发明专利申请初步审查的范围（第1节）

【修订内容】根据修改后的专利法及其实施细则，对发明专利申请初步审查所依据的法律条款作了以下修改：在“（1）申请文件的形式审查”中增加专利法实施细则第二条、第二十六条第二款，删除专利法实施细则第十六条第一款；在“（2）申请文件的明显实质性缺陷审查”中增加专利法第二十条第一款、第二十六条第五款；在“（3）其他文件的形式审查”中增加专利法第十条，专利法实施细则第二条、第三条、第八十七条。

【修订说明】

（1）根据修改后的专利法实施细则第四十四条的规定，发明专利申请的初步审查范围增加专利法第二十条第一款（向外国申请专利前的保密审查）、第二十六条第五款（涉及遗传资源的申请），故在“申请文件的明显实质性缺陷审查”中相应增加上述条款；同时，根据修改后的专利法实施细则第四十四条增加的第四项和专利法实施细则的第八十八条，在“申请文件的形式审查”中相应增加专利法实施细则第二条（申请手续）、第三条（申请文件的要求）；在“其他文件的形式审查”中相应增加专利法实施细则第二条、第三条、第八十七条（专利申请权也可以由人民法院裁定采取保全措施）。

（2）虽然专利法实施细则第十五条第一款规定以书面形式提交的申请文件应当一式两份，但随着电子审批系统的上线，以及审查工作对纸件依赖程度的减小，专利局在实际工作中将对书面形式提交申请文件需一式两份的规定放宽要求，因此在“申请文件的形式审查”中删除原专利法实施细则第十六条第一款。

二、关于审查原则（第2节）

【修订内容】本节“程序节约原则”部分增加了“**对于申请文件中文字和符号的明显错误，审查员可以依职权自行修改，并通知申请人**”。

【修订说明】依据专利法实施细则第五十一条第四款的规定，当申请文件中存在文字和符号的明显错误时，对该类错误的修改不会对申请人的实质性权利产生影响，审查员依职权进行修改，有助于提高审查效率、缩短审查过程，也是程序节约原则的充分体现。此处修订同时还明确将依职权修改作为程序节约原则的内涵之一，便于审查员在具体审查工作中灵活处理具体问题。有关“依职权修改”的具体规定已写入专利审查指南第一部分第一章第8节。

三、关于通知书的答复（第3.4节）

【修订内容】原审查指南规定：“对申请文件的修改，应当按照补正通知书的要求进行。”

“对于因正当理由或者因不可抗拒事由耽误期限而导致专利申请被视为撤回的，申请人可以在规定的期限内向专利局提出恢复权利的请求。”

修订后的专利审查指南规定：“**对申请文件的修改，应当针对通知书指出的缺陷进行**。”

“对于因不可抗拒事由或者**因其他正当理由**耽误期限而导致专利申请被视为撤回的，申请人可以在规定的期限内向专利局提出恢复权利的请求。”

【修订说明】本节为适应专利法实施细则第五十一条第三款的变化，将“对申请文件的修改，应当按照补正通知书的要求进行”，修改为“应当针对通知书指出的缺陷进行”。由于发出通知书的最终目的是克服申请的缺陷，因此修改后的规定更有利于申请人有针对性地对通知书中指出的缺陷进行答复。根据专利法实施细则第六条的规定，正当理由可以指不可抗拒的事由，也可以指申请人不能克服的障碍和其他特定事项，因此对相关表述进行调整，将“因正当理由或者因不可抗拒事由”修改为“因不可抗拒事由或者因其他正当理由”。

四、关于申请文件的形式审查（第4节）

（一）关于请求书（第4.1节）

1. 关于发明人（第4.1.2节）

【修订内容】本节主要对发明人的填写内容不符合形式要求的审查规程进行了修订。

在原审查指南“发明人应当是个人，请求书中不得填写单位或者集体，例如不得写成‘××课题组’等。发明人应当使用本人真实姓名，不得使用笔名或者其他非正式的姓名。多个发明人的，应当自左向右顺序填写”后增加了“**不符合规定的，审查员应当发出补正通知书。申请人改正请求书中所填写的发明人姓名的，应当提交补正书、当事人的声明及相应的证明文件**”。

【修订说明】原审查指南规定了填写发明人的形式要求，没有规定哪些缺陷可以通过补正的方式加以克服。而第一部分第一章第6.7.2.3节有关发明人变更的内容中，也涉及与发明人姓名填写错误有关的变更手续的规定。申请人经常对克服缺陷时是通过补正，还是通过办理著录项目变更手续感到困惑；审查实践中，也存在操作不一致的情况。

针对上述问题，修订后的专利审查指南明确了对于专利申请存在的所填写的发明人姓名不符合形式要求的缺陷，例如所填写的发明人为“×××课题组”时，审查员应当发出补正通知书，申请人可以通过补正的方式克服该填写缺陷。即申请人收到指明发明人填写缺陷的补正通知书后，能够通过提交补正书及有关文件的方式改正发明人的填写错误。

值得注意的是，如果所填写的发明人姓名符合形式要求，申请人提交文件后，审查员发现发明人姓名的文字有错误，例如误将"李明"填写为"李铭"，应当如何处理？由于专利局的审查员在审查时无法认定此种文字错误，故而审查员不会针对此情形发出补正通知书。因此，申请人不能通过补正的方式对于发明人姓名进行修改，此时申请人需要办理著录项目变更手续。

2. 关于申请人（第4.1.3节）

【修订内容】本节作出如下修改：

（1）在第4.1.3.1节中增加"**申请人是中国单位或者个人的，应当填写其名称或者姓名、地址、邮政编码、组织机构代码或者居民身份证件号码**"的规定。

（2）在第4.1.3.2节中增加"**申请人是外国人、外国企业或者外国其他组织的，应当填写其姓名或者名称、国籍或者注册的国家或者地区**"的规定。

（3）将第4.1.3.2节中的多处"营业所或者总部所在地"修改为"**注册地**"。

【修订说明】本节修改适应了专利法实施细则第十六条的规定。

3. 关于联系人（第4.1.4节）

【修订内容】本节作出如下修改：

原审查指南规定："申请人是单位且未委托专利代理机构的，应当填写联系人，联系人是代替该单位接收专利局所发信函的收件人。联系人应当是本单位的工作人员，必要时审查员可以要求申请人出具证明。联系人只能填写一人。填写联系人的，还需要同时填写联系人的通信地址、邮政编码和电话号码。"修订后的专利审查指南规定："申请人是单位且未委托专利代理机构的，应当填写联系人，联系人是代替该单位接收专利局所发信函的收件人。联系人应当是本单位的工作人员，必要时审查员可以要求申请人出具证明。**申请人为个人且需由他人代收专利局所发**

信函的，也可以填写联系人。联系人只能填写一人。填写联系人的，还需要同时填写联系人的通信地址、邮政编码和电话号码。”

【修订说明】原审查指南规定了当申请人是单位且未委托专利代理机构时，应当如何填写联系人，但没有说明当申请人为个人时是否可以填写联系人以及应当如何填写联系人。结合审查实践，此处对于申请人为个人时，可以填写联系人的适用情形进行了规定，即申请人为个人且没有委托专利代理机构时，如果申请人由于地址等原因不能接收到专利局所发的信函，也可以由他人作为联系人。

4. 关于代表人（第4.1.5节）

【修订内容】原审查指南规定：“申请人有两人以上且未委托专利代理机构的，除请求书中另有声明外，以第一署名申请人为代表人。”

修订后的专利审查指南规定：“申请人有两人以上且未委托专利代理机构的，**除本指南另有规定**或请求书中另有声明外，以第一署名申请人为代表人。”

【修订说明】本节内容对于代表人的特殊情形进行了补充，其中增加的“除本指南另有规定”的情形，是指在修订后的专利审查指南第五部分第十一章“关于电子申请的若干规定”中，有关电子申请的代表人的特殊规定的情形，即“申请人有两人以上且未委托专利代理机构的，以提交电子申请的电子申请用户为代表人”。

5. 关于专利代理机构、专利代理人（第4.1.6节）

【修订内容】本节作出如下修改：

（1）原审查指南规定：“专利代理机构应当依照专利代理条例的规定经国家知识产权局批准成立，其中涉外专利代理机构由国家知识产权局指定。”修订后的专利审查指南删除了“其中涉外专利代理机构由国家知识产权局指定”的内容。

(2) 修订后的专利审查指南将“请求书中还应当填写国家知识产权局给予该专利代理机构的编码”中的“编码”修改为“**机构代码**”。

(3) 修订后的专利审查指南规定：“专利代理人，是指获得专利代理人资格证书、在合法的专利代理机构执业，并且在国家知识产权局办理了专利代理人**执业证**的人员。在请求书中，专利代理人应当使用其真实姓名，同时填写专利代理人**执业证号码和联系电话**。一件专利申请的专利代理人不得超过两人。”

“联系电话”为新增内容，同时将原审查指南中的“工作证”和“工作证的证书”修改为“**执业证**”。

【修订说明】由于专利法第十九条取消了由国家知识产权局指定涉外专利代理机构的规定，因此，本节删除了原审查指南中涉外专利代理机构由国家知识产权局指定的规定。同时，对于委托专利代理机构的申请，专利法实施细则第十六条规定了请求书中应当填写的内容，其中有关代理机构代码、专利代理人执业证号码、联系电话等也在专利审查指南中加以明确和细化。

（二）关于说明书（第4.2节）

1. 关于核苷酸或者氨基酸序列表的页码编写

【修订内容】本节的修改涉及核苷酸或者氨基酸序列表的页码编写方式。

将原审查指南“涉及核苷酸或者氨基酸序列的申请，应当将该序列表作为说明书的一个单独部分，并与说明书连续编写页码”中的“并与说明书连续”修改成“**单独**”。

【修订说明】根据原审查指南的规定，序列表应当与说明书连续编写页码；而同样的序列表文件在进入国家阶段的国际申请文件中，却需要单独编写页码。考虑到专利审批规定的一致性，将本节内容进行了一致性的修改。此外，专利法实施细则第十七条规定，序列表文件作为说明书的一个单独部分，需要提交计算机可读形式的副本，该副本中文件单独编写页码更为合理。因此，纸件序列表单独编写页码的规定也有利于申请人核对提交文件的一致性。

2. 关于说明书涉及专利法实施细则第四十条的修改

【修订内容】修订后的专利审查指南规定："说明书文字部分写有附图说明但说明书无附图或者缺少相应附图的，应当通知申请人**取消**说明书文字部分的附图说明，或者在指定的期限内补交相应附图。申请人补交附图的，以向专利局提交或者邮寄补交附图之日为申请日，审查员应当发出重新确定申请日通知书。申请人**取消**相应附图说明的，保留原申请日。"其中，将原审查指南中的"通知申请人删除说明书文字部分的附图说明"和"申请人删除相应附图说明"的两处"删除"修改为"**取消**"。同时，删除了原规定中的"并修改数据库中的申请日"。

【修订说明】本处内容的修改是针对专利法实施细则第四十条的适应性修改。此外，有关修改数据库的工作属于专利局审查系统的操作规定，不适宜写入专利审查指南，因而此处将有关内容加以修改。

（三）关于说明书附图（第4.3节）

1. 关于说明书附图的清晰度

【修订内容】原审查指南规定："附图的大小及清晰度，应当保证在该图缩小到三分之二时仍能清晰地分辨出图中各个细节，并适合于用照相制版、静电复印、缩微等方式大量复制。"

修订后的专利审查指南规定："附图的大小及清晰度，应当保证在该图缩小到三分之二时仍能清晰地分辨出图中各个细节，

以能够满足复印、扫描的要求为准。”

【修订说明】对申请文件进行复印、扫描是专利局主要采用的数据处理方式，一般不再使用照相制版、缩微等方式处理数据，为适应数据处理方式的改变作出上述修改。

2. 关于说明书附图的制作要求

【修订内容】本节对说明书附图的绘制和载体要求进行修改，以适应审查工作的实际情况。

修订后的专利审查指南规定：“说明书附图应当使用**包括计算机在内的**制图工具和黑色墨水绘制，线条应当均匀清晰、足够深，不得着色和涂改，不得使用工程蓝图。”其中，“**包括计算机在内的**”为新增内容。

“流程图、框图应当作为附图，并应当在其框内给出必要的文字和符号。一般不得使用照片作为附图，但特殊情况下，例如，显示金相结构、组织细胞**或者电泳图谱**时，可以使用照片贴在图纸上作为附图。”其中，“**或者电泳图谱**”为新增内容。

【修订说明】伴随着计算机制图的普及，制图工具由主要为手工绘制转变为主要为计算机绘制，因此对计算机作为制图工具作出强调性说明。由于科学技术的发展，电泳图谱在相关领域的申请中已经比较常用，因此，本节增加电泳图谱照片的提交方式。

（四）关于说明书摘要文字部分的撰写要求（第 4. 5. 1 节）

【修订内容】本节对说明书摘要文字部分不得含有标题的规定予以明确。将原审查指南中“摘要文字部分不得用发明名称作为标题”修改为“**摘要文字部分不得使用标题**”。

【修订说明】原审查指南中的规定容易使人误解为可以使用发明名称之外的词语作为说明书摘要的标题。本次修订从审查实践出发，对摘要文字部分不得含有标题的撰写要求作出了明确的规定。

（五）关于申请文件的清晰度（第4.6节）

【修订内容】原审查指南规定："文字和线条应当是黑色，并且足够深，背景干净。"

修订后的专利审查指南规定："文字和线条应当是黑色，并且足够深，背景干净，**以能够满足复印、扫描的要求为准**。"

【修订说明】修订后的专利审查指南进一步明确了专利申请公布的文字和线条应当满足复印、扫描的要求，与对说明书附图的清晰度要求一致。

五、关于特殊专利申请的初步审查（第5节）

（一）关于分案申请（第5.1节）

1. 关于分案申请的核实（第5.1.1节）

【修订内容】本节对有关分案申请的核实规定作出整合，同时对一些具体的要求作出更加准确的规定。

（1）原审查指南本节关于"（3）分案申请的类别"的规定为："分案申请的类别应当与原申请的类别一致，例如原申请是发明专利申请的，只能提出发明专利分案申请。初步审查中，对于分案申请与原申请类别不一致的，审查员应当发出分案申请视为未提出通知书，并作结案处理。"

修订后的专利审查指南仅保留其中"分案申请的类别应当与原申请的类别一致"，并将其移入本节第一段，同时删除了其他内容。修改后本节第一段的相关规定为："分案申请应当以原申请（第一次提出的申请）为基础提出。**分案申请的类别应当与原申请的类别一致**。"

（2）原审查指南规定："请求书中应当正确填写原申请的申请日，申请日填写有误的，审查员应当发出补正通知书，通知申请人补正。期满未补正的，审查员应当发出视为撤回通知书；补正符合规定的，审查员应当发出重新确定申请日通知书，并修改数据库中的申请日。”

修订后的专利审查指南删除其中的“并修改数据库中的申请日”的内容。

(3) 将原审查指南本节第一段和最后一段中有关申请号的内容整合成单独一段，修订后的专利审查指南为：

“**(2) 请求书中填写的原申请的申请号**

请求书中应当正确填写原申请的申请号。原申请是国际申请的，申请人还应当在所填写的原申请的申请号后的括号内注明国际申请号。不符合规定的，审查员应当发出补正通知书，通知申请人补正。期满未补正的，审查员应当发出视为撤回通知书。”

(4) 修订后的专利审查指南规定：“但是，因分案申请存在单一性的缺陷，……对于不符合规定的，审查员应当发出补正通知书，通知申请人补正。**期满未补正的，审查员应当发出视为撤回通知书。**”

其中“**期满未补正的，审查员应当发出视为撤回通知书**”为新增内容。

(5) 原审查指南规定：“分案申请不得改变申请人，即分案申请的申请人应当与原申请的申请人相同；不相同的，应当提交权利转移证明材料。”

修订后的专利审查指南规定：“分案申请的申请人应当与原申请的申请人相同；不相同的，**应当提交有关申请人变更的证明材料。**”

【修订说明】

(1) 原审查指南中，针对分案申请与原申请类别不一致的情况，第五部分第三章规定在受理程序中，将不予受理；而本节规定在初审程序中要求审查员将其视为未提出，并作结案处理。随着审查流程的优化和电子系统的完善，受理环节中可以完成分案申请类别的审查，无须在初审环节进行相应规定，因此将"分案申请类别应当与原申请的类别一致"的要求作为一项原则性规定移入本节第一段，删除了"分案申请的类别"一段。

(2) 原审查指南中规定，对于重新确定申请日的分案申请，专利局对数据库进行修改。显然，该规定属于专利局的内部操作规定，不适合写入专利审查指南中，因此，此次修改将其删除。

(3) 将有关原申请的申请号的相关规定重新梳理后单列一段，便于实践操作。

(4) 原审查指南规定，对于再次分案的申请，允许申请人以补正的方式克服分案通知书或审查意见通知书中指出的缺陷，本次修改对其进行补充，增加了对期满未补正情形的处理规定，即期满未补正的，审查员应当发出视为撤回通知书。

(5) 分案申请与原申请的申请人不一致的原因可能是权利转移，也可能是申请人更名等其他情况。修改后的"有关申请人变更的证明材料"既包括权利转移的证明材料，也包括申请人更名的证明材料等其他情况。

2. 关于分案申请的期限和费用（第5.1.2节）

【修订内容】本节主要是针对提交分案申请时原有的各种期限即将届满的情形，规定了更加合理的审查标准。

修订后的专利审查指南规定："分案申请**适用**的各种法定期限，例如提出实质审查请求的期限，应当从原申请日起算。对于已经届满**或者自分案申请递交日起至期限届满日不足两个月**的各种期限，申请人可以自分案申请递交日起两个月内**或者自收到受理通知书之日起十五日内**补办各种手续；期满未补办的，审查员应当发出视为撤回通知书。""对于分案申请，应当视为一件新申请收取各种费用。对于已经届满或者**自分案申请递交日起至期限届满日不足两个月**的各种费用，申请人可以在自分案申请递交日起两个月内**或者自收到受理通知书之日起十五日内**补缴；期满未补缴或未缴足的，审查员应当发出视为撤回通知书。”

【修订说明】

原审查指南规定，分案申请的各种期限适用原申请的期限，针对已经届满的期限，允许申请人在规定的期限内补办相关手续。但是，审查实践中发现，对于自分案申请递交日起至期限届满日不足两个月的各种期限，也就是即将届满的各种期限，却没有单独规定，因此导致申请人办理手续时，该期限即将届满，申请人将会面临由于耽误期限导致的处罚，此种做法不符合原规定的本意。因此，本次修改对此种情况明确了相应的审查标准。即允许申请人在分案申请递交日起两个月内或者自收到受理通知书之日起十五日内补办有关手续，缴纳相应费用，使得规定更加体现方便申请人办理手续的意图。

（二）关于涉及生物材料的申请（第5.2节）

【修订内容】本节明确了有关审查保藏日期的例外情形，增加了允许申请人首先在指定期限内补正的内容。同时，删除了原审查指南中第5.2.2节最后一段的内容。

修订后的专利审查指南规定：“**但是**，保藏证明写明的保藏日期在所要求的优先权日之后，并且在申请日之前的，**审查员应当发出办理手续补正通知书，要求申请人在指定的期限内撤回优先权要求或者声明该保藏证明涉及的生物材料的内容不要求享受优先权，期满未答复或者补正后仍不符合规定的，审查员应当发出生物材料样品视为未保藏通知书**。”

【修订说明】原审查指南规定，保藏日期应当在申请日之前或者在申请日（有优先权的，指优先权日）当天。不符合规定的，审查员应当发出生物材料样品视为未保藏通知书。对于保藏证明写明的保藏日期在所要求的优先权日之后，并且在申请日之前的情形，也作为例外情形加以了规定。按照原审查指南对于此例外情形的规定，申请人应当提交相关的生物材料内容不要求享受优先权的声明，或者撤回优先权要求，否则该生物材料样品将被视为未保藏。但是，申请人应当在何时提交相关的声明或者办理撤回优先权的手续，审查员对于此类缺陷是否应当给予指定期限，原审查指南均未作出规定，实践中也存在认识不一致的情况。此次修订中针对此种特殊情形，给予申请人进行补正或者陈述意见的机会，使得专利审批流程管理更加人性化。修订后的专利审查指南规定，当保藏证明写明的保藏日期在所要求的优先权日之后，并且在申请日之前时，如果申请人没有撤回优先权要求或者没有声明生物材料不享受优先权，审查员应当先发出办理手续补正通知书，申请人可以在通知书指定的期限内补正。

原审查指南第 5.2.2 节最后一段是有关审查员的工作规定，由于专利局的审查方式已经发生了变化，该规定不适合工作的需要，故此删除。

（三）关于涉及遗传资源的申请（第 5.3 节）

【修订内容】本节为新增内容，以适应专利法及其实施细则的修改。

修订后的专利审查指南规定：“**就依赖遗传资源完成的发明创造申请专利，申请人应当在请求书中对于遗传资源的来源予以说明，并填写遗传资源来源披露登记表，写明该遗传资源的直接来源和原始来源。申请人无法说明原始来源的，应当陈述理由。对于不符合规定的，审查员应当发出补正通知书，通知申请人补正。期满未补正的，审查员应当发出视为撤回通知书。补正后仍不符合规定的，该专利申请应当被驳回。**”

【修订说明】根据专利法实施细则第四十四条的规定，对于依赖遗传资源完成的发明专利申请，初步审查程序中应当审查该申请是否明显不符合专利法第二十六条第五款关于说明遗传资源来源的规定，对于补正后仍然不符合规定的，应当驳回该专利申请。本次修订后的专利审查指南，依照专利法及其实施细则的有关规定，将初步审查中有关遗传资源来源披露的审查内容和审批程序加以明确。

六、关于其他文件和相关手续的审查（第6节）

（一）关于委托专利代理机构（第6.1节）

1. 关于委托（第6.1.1节）

【修订内容】本节的修订主要在于取消了需要委托国家知识产权局指定的代理机构的规定。

修订后的专利审查指南规定："根据专利法第十九条第一款的规定，在中国内地没有经常居所或者营业所的外国人、外国企业或者外国其他组织在中国申请专利和办理其他专利事务，**或者作为第一署名申请人与中国内地的申请人共同申请专利和办理其他专利事务的，应当委托专利代理机构办理**。审查中发现上述申请人申请专利和办理其他专利事务时，**未委托专利代理机构的，审查员应当发出审查意见通知书，通知申请人在指定的期限内答复**。……

在中国内地没有经常居所或者营业所的香港、澳门或者台湾地区的申请人向专利局提出专利申请和办理其他专利事务，或者作为第一署名申请人与中国内地的申请人共同申请专利和办理其他专利事务的，应当委托专利代理机构办理。未委托专利代理机构的，审查员应当发出审查意见通知书，通知申请人在指定期限内答复。申请人在指定期限内未答复的，审查员应当发出视为撤回通知书；申请人陈述意见或者补正后仍不符合规定的，该专利申请应当被驳回。"

【修订说明】第一，根据专利法第十九条的规定，不再存在由国家知识产权局指定的代理机构，只要是"依法设立的专利代理机构"均可以接受专利申请人的委托，代其办理专利申请及其他专利事务。据此，本节将有关委托专利代理机构的内容进行了适应性的修改。

第二，修订了香港、澳门或者台湾地区的申请人委托专利代理的规定。由于取消了由国家知识产权局指定专利代理机构的规定，因此，不需要将香港、澳门或者台湾地区的申请人再进一步区分为个人和企业或者其他组织，并且分别加以规定，修订后的专利审查指南对此规定为：在中国内地没有经常居所或者营业所的香港、澳门或者台湾地区的申请人，或者作为第一署名申请人与中国内地的申请人共同申请专利和办理其他专利事务的，均应当委托专利代理机构办理。

2. 关于委托书（第6.1.2节）

【修订内容】本节修订了申请人向专利局交存总委托书的规定。

原审查指南规定："外国申请人委托国家知识产权局指定的专利代理机构的，可以向专利局交存总委托书。"

修订后的专利审查指南规定："**申请人**委托专利代理机构的，可以向专利局交存总委托书。"

【修订说明】对于专利申请数量较多的申请人而言，办理向专利局交存总委托书的手续，可以在很大程度上简化专利申请手续，所以，此种提交方式受到申请人的好评。但是，依照原审查指南的规定，只有外国申请人可以适用交存总委托书的规定，国内的申请人却不能够享受这一方式带来的便利。修订后的专利审查指南没有限制可以交存总委托书的申请人的范围，换言之，专利申请人均可以采用交存总委托书的方式办理专利代理委托手续，此规定的修改为申请人办理专利手续提供了极大的方便。

3. 关于解除委托和辞去委托（第6.1.3节）

【修订内容】将原审查指南解除委托和辞去委托的规定移至

第一部分第一章第 6.7.2.4 节。

【修订说明】在本节保留申请人（或专利权人）委托专利代理机构后，可以解除委托；专利代理机构接受申请人（或专利权人）委托后，可以辞去委托。其他有关手续属于向专利局办理著录项目变更的内容，因此将具体办理的内容移至第一部分第一章第 6.7.2.4 节，从而使各个章节内容划分更为合理，使用更为方便。

（二）关于要求优先权（第 6.2 节）

1. 关于要求外国优先权的声明（第 6.2.1.2 节）

【修订内容】本节的修订主要为适应专利法实施细则第三十一条的修改。

修订后的专利审查指南规定："申请人在要求优先权声明中应当写明作为优先权基础的在先申请的申请日、**申请号和原受理机构名称；未写明或者错写在先申请日、申请号和原受理机构名称中的一项或者两项内容，而申请人已在规定的期限内提交了在先申请文件副本的，审查员应当发出办理手续补正通知书，期满未答复或者补正后仍不符合规定的，**审查员应当发出**视为未要求优先权通知书。**"

"要求多项优先权而在声明中未写明或者错写某个在先申请的申请日、**申请号和原受理机构名称中的一项或者两项内容，而申请人已在规定的期限内提交了该在先申请文件副本的，**审查员应当发出办理手续补正通知书，期满未答复或者补正后仍不符合规定的，**视为未要求该项优先权，**审查员应当发出视为未要求优先权通知书。"

【修订说明】对于要求外国优先权的专利申请，申请人首先应当符合专利法第三十条的规定，在申请的时候提出书面声明。由于专利法实施细则第三十一条放宽了对于优先权声明的补正范围，修订后的专利审查指南作了适应性修改，按照该条规定，申请人的优先权声明中的一项或者两项内容出现错写或者未写明时，专利局应当通知申请人在指定期限内进行补正，而审查员需要以原受理机构出具的在先申请文件副本为依据，方能作出上述正确判断，因此，修改后的专利审查指南明确了专利局对于此项规定的审查规程，即：申请人在优先权声明中未写明或者错写在先申请日、申请号和原受理机构名称中的一项或者两项内容，而申请人已在规定的期限内提交了在先申请文件副本的，审查员应当允许申请人通过办理手续补正的方式消除有关声明填写的缺陷。

除此之外，结合专利局的电子审批系统，将不符合规定的处罚名称由“视为未要求外国优先权”修改为“视为未要求优先权”。

2. 关于要求外国优先权的在先申请文件副本（第6.2.1.3节）

【修订内容】本节主要是对专利法实施细则第三十一条的适应性修改。

修订后的专利审查指南规定：“作为优先权基础的在先申请文件的副本**应当由该在先申请的原受理机构出具**。在先申请文件副本的格式应当符合国际惯例，至少**应当表明原受理机构**、申请人、申请日、申请号；不符合规定的，审查员应当发出办理手续补正通知书，期满未答复或者补正后仍不符合规定的，视为未提交在先申请文件副本，审查员应当发出**视为未要求优先权通知书**。”

“依照国家知识产权局与在先申请的受理机构签订的协议，专利局通过电子交换等途径从该受理机构获得在先申请文件副本的，视为申请人提交了经该受理机构证明的在先申请文件副本。

已向专利局提交过的在先申请文件副本，需要再次提交的，**可以仅提交该副本的中文题录译文，但应当注明在先申请文件副本的原件所在案卷的申请号。**”

【修订说明】

（1）根据专利法实施细则第三十一条，将原审查指南中的在先申请文件副本由受理该在先申请的国家或者政府间组织的主管部门出具，适应性地修改为“在先申请文件的副本应当由该在先申请的原受理机构出具”。

（2）根据专利法实施细则第三十一条，修订后的专利审查指南增加了有关通过电子交换等途径获取在先申请文件副本的规定。

（3）结合专利局审查方式无纸化的改进趋势，本次还修订了已经提交过在先申请文件副本后，需要再次提交该副本的规定。原审查指南规定，需要再次提交副本的可以使用复印件，本次修订将其改为“可以仅提交该副本的中文题录译文”，这样可以减轻申请人的负担，也更加符合专利审查无纸化的实际情况。需要说明的是，该中文题录译文应当写明该在先申请文件副本中所记载的与审查有关的内容，即原申请号、申请日、原申请人、发明创造名称、在先申请的原受理机构，而不仅是该副本的首页译文，例如，仅将在先申请文件副本首页的申请日、申请号或者公证类文字加以翻译。提交了符合规定的中文题录译文的，可以被视为提交了在先申请文件副本。

3. 关于在先申请和要求优先权的在后申请（第 6.2.2.1 节）

【修订内容】本节的修改主要涉及要求本国优先权的在先申请已经办理了专利权登记手续时，对于该在先申请的审查标准。

原审查指南规定：“审查优先权时，如果发现专利局已经对在先申请发出授予专利权通知书，只要优先权的要求符合规定，应当及时通知申请人退回已发出的授予专利权通知书，专利局收到退回的通知书后应当将申请人已缴纳的有关费用退回。”

修订后的专利审查指南规定：“审查优先权时，如果发现专利局已经对在先申请发出授予专利权通知书**和办理登记手续通知**

书，并且申请人已经办理了登记手续的，审查员应当针对在后申请发出视为未要求优先权通知书。”

【修订说明】根据专利法实施细则第三十二条的规定，提出后一申请时，已经被授予专利权的在先申请的主题不得作为要求本国优先权的基础。在实际审查工作中，原审查指南的规定比较难以操作，而且导致审查效率降低。为了优化要求本国优先权的专利申请的审批程序，提高行政审批的效率，结合专利审查实践，修订后的专利审查指南调整了审查员发出视为未要求优先权通知书的时间条件。此外，在本节修订中将“审查员发出的视为未要求本国优先权通知书”修改为“视为未要求优先权通知书”。

4. 关于要求本国优先权声明（第6.2.2.2节）

【修订内容】本节修改了有关要求本国优先权声明填写的规定。

修订后的专利审查指南规定：“申请人在要求优先权声明中应当写明作为优先权基础的在先申请的申请日、申请号和原**受理机构名称（即中国）**。未写明或者错写上述各项中的**一项或者两项内容的，审查员应当发出办理手续补正通知书，期满未答复或者补正后仍不符合规定的**，审查员应当发出视为未要求优先权通知书。”

“要求多项优先权而在声明中未写明或者错写某个在先申请的申请日、申请号和**原受理机构名称中的一项或者两项内容的，审查员应当发出办理手续补正通知书，期满未答复或者补正后仍不符合规定的**，视为未要求该项优先权，审查员应当发出视为未要求优先权通知书。”

【修订说明】本节的修订内容主要为适应专利法实施细则第三十一条关于要求优先权的手续的修改。修订后的专利审查指南放宽了对于优先权声明的补正范围，允许申请人通过办理手续补正的方式，消除有关要求优先权声明填写的缺陷。

5. 关于在先申请文件副本（第6.2.2.3节）

【修订内容】本节修订了关于确认本国优先权在先申请文件副本的规定。

原审查指南规定："在先申请文件的副本，由专利局根据规定制作，条件是申请人已缴纳了规定的优先权要求费。申请人在规定的期限内缴纳了优先权要求费即视为提交了在先申请文件副本。"

修订后的专利审查指南规定："在先申请文件的副本，由专利局根据规定制作。**申请人要求本国优先权并且在请求书中写明了在先申请的申请日和申请号的**，视为提交了在先申请文件副本。"

【修订说明】本节的修订主要为适应专利法实施细则第三十一条关于要求本国优先权的副本的修改。

6. 关于优先权要求的恢复（第6.2.5节）

【修订内容】本节的修改主要为适应专利法第三十一条关于要求优先权的声明内容的修改，同时，结合专利审查实践，对本节的有关内容作相应修改。

修订后的专利审查指南规定："**视为未要求优先权并属于下列情形之一的，申请人可以根据专利法实施细则第六条的规定请求恢复要求优先权的权利：**

（1）由于未在指定期限内答复办理手续补正通知书导致视为未要求优先权的。

（2）要求优先权声明中至少一项内容填写正确，但未在规定的期限内提交在先申请文件副本或者优先权转让证明。

（3）要求优先权声明中至少一项内容填写正确，但未在规定期限内缴纳或者缴足优先权要求费。

（4）分案申请的原申请要求了优先权。

有关恢复权利请求的处理规定，适用本指南第五部分第七章第6节的规定。

除以上情形外，其他原因造成被视为未要求优先权的，不予恢复。**例如，由于提出专利申请时未在请求书中提出声明而视为未要求优先权的，不予恢复要求优先权的权利。**”

【修订说明】针对被视为未要求优先权的申请，原审查指南本节内容规定了可以恢复的五种情形。修订后的专利审查指南，一方面是为了适应专利法及其实施细则的修改，尤其是有关优先权声明的审查标准的修改，明确了由于未在规定的期限内办理手续补正而导致丧失优先权的，可以请求恢复优先权。另一方面，增加了不能恢复优先权要求的示例，便于理解。

（三）关于不丧失新颖性的公开（第6.3节）

1. 关于在中国政府主办或者承认的国际展览会上首次展出的修改（第6.3.1节）

【修订内容】修订了有关中国政府承认的国际展览会的规定。

原审查指南规定：“中国政府承认的国际展览会，包括国务院及其各部委承认的在外国举办的展览会。”

修订后的专利审查指南规定：“中国政府承认的国际展览会，是指**国际展览会公约规定的由国际展览局注册或者认可的国际展览会。**……”

【修订说明】本节内容是根据专利法实施细则第三十条的规定作出的适应性修改。明确指出了中国政府承认的国际展览会，是指国际展览会公约规定的由国际展览局注册或者认可的国际展览会。

2. 关于他人未经申请人同意而泄露其内容（第6.3.3节）

【修订内容】本节的修订明确了申请人提出声明的手续，以及可以在专利局指定的期限内提交有关证明文件。

修订后的专利审查指南规定："申请专利的发明创造在申请日以前六个月内他人未经申请人同意而泄露了其内容，若申请人在申请日前已获知，应当在提出专利申请时在请求书中声明，并在自申请日起两个月内提交证明材料。若申请人在申请日以后得知的，应当在得知情况后两个月内**提出要求不丧失新颖性宽限期的声明，并附具证明材料。审查员认为必要时，可以要求申请人在指定期限内提交证明材料。"**

【修订说明】专利法实施细则第三十条第四款中规定，"国务院专利行政部门认为必要时，可以要求申请人在指定期限内提交证明材料"。修订后的专利审查指南对本节内容进行了适应性规定。此外，将申请人在申请日以后得知内容被泄露后的声明手续加以明确，即申请人应当在规定的期限内容提出声明并附具证明材料。

（四）关于实质审查请求的审查及处理（第6.4.2节）

【修订内容】将原审查指南第6.4.2节实质审查请求的审查及处理第（4）项规定"实质审查请求符合规定的，在进入实质审查程序时，审查员应当发出进入实质审查程序通知书"中的"进入实质审查程序通知书"修改成"**发明专利申请进入实质审查阶段通知书**"。

【修订说明】本节对通知书名称进行修改。发明专利申请在全流程审批过程中，要经过受理、初步审查、实质审查、授权后保护等阶段，"实质审查"仅为其中的一个阶段，因此，将原来的"程序"修改为"阶段"。

（五）关于提前公布声明（第6.5节）

【修订内容】本节对提前公布的措辞进行了修订。

修订后的专利审查指南规定："**提前公布声明**只适用于发明

专利申请。

申请人提出**提前公布声明**不能附有任何条件。

提前公布声明不符合规定的，审查员应当发出视为未提出通知书；符合规定的，在专利申请初步审查合格后立即进入公布准备。进入**公布准备**后，申请人要求撤销**提前公布声明**的，该要求视为未提出，申请文件照常**公布**。”

【修订说明】

（1）根据专利法实施细则第四十六条规定，“申请人请求早日公布其发明专利申请的，应当向国务院专利行政部门声明。国务院专利行政部门对该申请进行初步审查后，除予以驳回的外，应当立即将申请予以公布”。将原审查指南中“提前公开声明”统一修改为“提前公布声明”，与专利法实施细则相一致。

（2）将原审查指南中“进入公报编辑”一词修改为“进入公布准备”。修改原因一是，与实际操作相符；二是，避免与出版程序中的“公报编辑”相混淆。

（六）关于撤回专利申请声明（第6.6节）

【修订内容】修订后的专利审查指南规定：“委托专利代理机构的，撤回专利申请的手续应当由专利代理机构办理，并附具全体申请人签字或者盖章同意撤回专利申请的证明材料，**或者仅提交由专利代理机构和全体申请人签字或者盖章的撤回专利申请声明。”**

【修订说明】按照原审查指南规定，申请人撤回专利申请的，对委托专利代理机构的，则要求撤回专利申请的手续应当由专利代理机构办理，并附具全体申请人签字或者盖章同意撤回专利申请的证明材料。为了方便申请人办理撤回专利申请手续，修订后的专利审查指南规定，委托专利代理机构的，可以仅提交由专利代理机构和全体申请人签字或者盖章的撤回专利申请声明。

（七）关于著录项目变更（第6.7节）

1. 关于著录项目

【修订内容】根据专利法实施细则第十六条的规定增加了著录项目的相关信息。

修订后的专利审查指南规定："著录项目（即著录事项）包括：申请号、申请日、发明创造名称、分类号、优先权事项（包括在先申请的申请号、申请日和**原受理机构的名称**）、申请人或者专利权人事项（包括申请人或者专利权人的姓名或者名称、国籍或**者注册的国家或者地区**、地址、邮政编码、**组织机构代码或者居民身份证件号码**）、发明人姓名、专利代理事项（包括专利代理机构的名称、**机构代码**、地址、邮政编码、专利代理人姓名、**执业证号码、联系电话**）、联系人事项（包括姓名、地址、邮政编码、**联系电话**）以及代表人等。"

"专利申请权（或专利权）转让或者因其他事由发生转移的，申请人（或专利权人）应当以著录项目变更的形式向专利局登记。"

【修订说明】(1) 根据专利法实施细则第十六条的规定进行适应性修改。

(2) 专利法第十条第三款规定："转让专利申请权或者专利权的，当事人应当订立书面合同，并向国务院专利行政部门登记，由国务院专利行政部门予以公告。专利申请权或者专利权的转让自登记之日起生效。"其中，对于"向国务院专利行政部门登记"在审查指南中没有明确说明具体操作的方法。修订后的专利审查指南规定："专利申请权（或专利权）转让或者因其他事由发生转移的，申请人（或专利权人）应当以著录项目变更的形式向专利局登记"，进一步明确了"向国务院专利行政部门登记"即通过办理著录项目变更手续向专利局登记。

2. 关于著录项目变更申报书（第 6.7.1.1 节）

【修订内容】将原审查指南中一件专利申请同一著录项目发生“多次变更”的，应当分别提交各次的著录项目变更申报书，修改为一件专利申请同一著录项目发生“**连续变更**”的，应当分别提交著录项目变更申报书。

【修订说明】原审查指南将同一著录项目申请人从甲变更为乙，又从乙变更为丙，称为“多次变更”，与第一部分第一章第 6.7.1.2 节的规定不一致。修订后的专利审查指南将“多次变更”修订为“连续变更”。

3. 关于著录项目变更手续费（第 6.7.1.2 节）

【修订内容】将原审查指南关于缴纳著录项目变更手续费的情形重新进行整合。

修订后的专利审查指南规定：“办理著录项目变更手续应当按照规定缴纳著录项目变更手续费（即著录事项变更费）。专利局公布的专利收费标准中的著录项目变更手续费是指，一件专利申请每次每项申报著录项目变更的费用。**针对一项专利申请（或专利），申请人在一次著录项目变更申报手续中对同一著录项目提出连续变更，视为一次变更。申请人请求变更发明人和/或申请人（或专利权人）的，应当缴纳著录项目变更手续费 200 元，请求变更专利代理机构和/或专利代理人的，应当缴纳著录项目变更手续费 50 元。**

例如，在一次著录项目变更申报手续中申请人请求将一件专利申请的申请人从甲变更为乙，再从乙变更为丙，**视为一次申请人变更，应当缴纳著录项目变更手续费 200 元。若同时变更发明人姓名，申请人也只需缴纳一项著录项目变更手续费 200 元。**

又如，在一次著录项目变更申报手续中申请人请求将一件专利申请的申请人从甲变更为乙，同时变更专利代理机构和代理人，**申请人应当缴纳著录项目变更手续费 200 元和代理机构、代理人变更手续费 50 元。”**

【修订说明】

（1）原审查指南第一部分第一章第 6.7.1.1 节将同一著录项目申请人从甲变更为乙，又从乙变更为丙，称为“多次变更”，而本节中的举例为按照一次著录项目变更情形收取费用，容易产生混淆。修订后的专利审查指南对申请人从甲变更为乙，又从乙变更为丙的这种情形定义为“连续变更”，并规定这种连续变更“视为一次变更”，从而与专利收费标准中的著录项目变更手续费的缴纳规定相一致。

（2）明确规定每项变更费用的收取。将申请人一次请求仅变更发明人，或者仅变更申请人（或专利权人），或者同时变更发明人和申请人（或专利权人）作为一项变更，规定每项变更应当缴纳著录项目变更手续费 200 元；将申请人一次请求仅变更专利代理机构，或者仅变更专利代理人，或者同时变更专利代理机构和专利代理人均作为一项变更，规定每项变更应当缴纳著录项目变更手续费 50 元。

（3）根据著录项目变更手续中每次每项的定义，进一步修改完善了两个举例的内容。

4. 关于著录项目变更证明文件（第 6.7.2 节）

（1）关于专利申请权（或专利权）的涉外转让（或赠与）（第 6.7.2.2 节）。

【修订内容】修订后的专利审查指南第 6.7.2.2 节专利申请权（或专利权）转移第（3）项规定“专利申请权（或专利权）的转让**（或赠与）**涉及外国人、外国企业或者外国其他组织的，应当符合下列规定：……

（ii）**对于发明或者实用新型专利申请（或专利）**，转让方是中国内地的个人或者单位，受让方是外国人、外国企业或者外国其他组织的，应当出具国务院商务主管部门颁发的《技术出口许可证》或者《自由出口技术合同登记证书》，或者地方商务主管部门颁发的《自由出口技术合同登记证书》，以及双方签字或者盖章的转让合同。……”

删除了“中国内地的申请人变更国籍后，以及在中国内地有经常居所或者营业所的外国人、外国企业或者外国其他组织，均应当按照中国内地的个人或者单位转让专利申请权（或专利权）的规定办理”。

【修订说明】

①原审查指南仅规定专利申请权（或专利权）的转让涉及外国人、外国企业或者外国其他组织应当提交的证明文件。而对于专利申请权（或专利权）的赠与涉及外国人、外国企业或者外国其他组织的，没有明确规定。修订后的专利审查指南在第6.7.2节增加了这样的规定，明确专利申请权（或专利权）的涉外赠与同专利申请权（或专利权）的涉外转让一样，应当办理技术出口手续，提交相应的证明文件。

②原审查指南对中国内地的个人或者单位向外国人、外国企业或者外国其他组织转让专利申请权（或专利权）的规定适用于三种专利。而修改后的专利法第十条第二款规定，“中国单位或者个人向外国人、外国企业或者外国其他组织转让专利申请权或者专利权的，应当依照有关法律、行政法规的规定办理手续”。其中，“有关法律、行政法规”是指《对外贸易法》《技术进出口管理条例》，而外观设计专利申请不属于技术范畴，因此不需要办理出口手续。修订后的专利审查指南规定仅对发明或者实用新型专利申请（或专利）向外转让专利申请权（或专利权）的，需要办理出口的有关手续。

③删除了“中国内地的申请人变更国籍后，以及在中国内地有经常居所或者营业所的外国人、外国企业或者外国其他组

织，均应当按照中国内地的个人或者单位转让专利申请权（或专利权）的规定办理”。其原因是本段内容所依据原则已经在前面的内容中有了全面的阐述，而本段没有增加新的内容的同时，在部分表述上还不够严谨，因此予以删除。

第一，根据专利法第十条第二款规定：“中国单位或者个人向外国人、外国企业或者外国其他组织转让专利申请权或者专利权的，应当依照有关法律、行政法规的规定办理手续。”该规定强调转让方是中国单位或者个人向外转让应当依照有关法律、行政法规的规定办理技术出口手续。对于是否为中国个人应当以其国籍来判定，中国内地的申请人变更国籍后即为他国公民，不属于中国公民，因此，不属于专利法第十条第二款规定的范畴。第二，对于在中国内地有经常居所的外国人，之所以称为“外国人”，其国籍必为非中国，无论该外国人在中国内地是否有经常居所，均不属于中国公民，因此，也不属于专利法第十条第二款规定的范畴。第三，关于“在中国内地有经常营业所的外国企业或者外国其他组织”，这句话本身就自相矛盾。既然称为“外国企业或者外国其他组织”，其该企业或组织应当在国外，不属于中国内地单位；对于外国人或者外国企业以独资或者合资的方式在中国内地设有经常营业所的企业或者组织，则属于中国内地单位，应当按照第一部分第一章第6.7.2.2节第（ii）项中国内地单位向外转让专利申请权（或专利权）的规定办理技术出口手续。

（2）关于专利代理机构及代理人变更（第6.7.2.4节）。

【修订内容】原审查指南第6.7.2.4节专利代理机构及代理人变更第（2）项规定“因辞去委托、解除委托或者在专利审批程序中接受委托而发生专利代理机构变更的，应当参照本章第6.1.2节、第6.1.3节的规定提交相应的文件”。

修订后的专利审查指南第6.7.2.4节专利代理机构及代理人

变更第（2）项规定：“**办理解除委托或者辞去委托手续的，应当事先通知对方当事人。**”

“**对于第一署名申请人是在中国内地没有经常居所或者营业所的外国申请人的专利申请**，在办理解除委托或者辞去委托手续时，申请人（或专利权人）应当同时委托新的专利代理机构，否则不予办理解除委托或者辞去委托手续，审查员应当发出视为未提出通知书。

对于第一署名申请人是在中国内地没有经常居所或者营业所的香港、澳门或者台湾地区申请人的专利申请，在办理解除委托或者辞去委托手续时，申请人（或专利权人）应当同时委托新的专利代理机构，否则不予办理解除委托或者辞去委托手续，审查员应当发出视为未提出通知书。”

【修订说明】

①将原审查指南第一部分第一章第6.1.3节解除委托和辞去委托的内容移至本节，从而使各章节的内容划分更为合理。

②原审查指南第一部分第一章第6.1.3节规定：“第一署名申请人是外国申请人的申请，在办理解除委托或者辞去委托手续时，申请人应当同时委托符合规定的新专利代理机构，否则不予办理解除委托或者辞去委托手续，审查员应当发出视为未提出通知书。第一署名申请人是香港、澳门或者台湾地区申请人的申请，在办理解除委托或者辞去委托手续时，申请人应当同时委托符合规定的新专利代理机构，否则不予办理解除委托或者辞去委托手续，审查员应当发出视为未提出通知书。”

根据专利法第十九条规定，“在中国没有经常居所或者营业所的外国人、外国企业或者外国其他组织在中国申请专利和办理其他专利事务的，应当委托依法设立的专利代理机构办理”。此条限定了应当委托依法设立的专利代理机构办理的，是在中国没有经常居所或者营业所的外国人、外国企业或者外国其他组织。

同理，在办理解除委托或者辞去委托手续时，第一署名申请人是外国申请人的，也应当是在中国没有经常居所或者营业所的外国申请人。因此，对“第一署名申请人是外国申请人”及“第一署名申请人是香港、澳门或者台湾地区申请人”均修改为“第一署名申请人是在中国内地没有经常居所或者营业所的外国申请人”及“第一署名申请人是在中国内地没有经常居所或者营业所的香港、澳门或者台湾地区申请人”。

（3）关于证明文件的形式要求（第6.7.2.6节）。

【修订内容】原审查指南第6.7.2.6节“证明文件的形式要求”第（2）、（3）项规定：“（2）一份证明文件仅对应一次著录项目变更请求，同一著录项目发生多次变更的，应当分别提交各次的证明文件。

（3）各种证明文件应当是原件。证明文件是复印件的，应当经过公证或者由出具证明文件的主管部门加盖公章；在外国形成的证明文件是复印件的，应当经过公证和认证。”

修订后的专利审查指南第6.7.2.6节“证明文件的形式要求”第（2）、（3）项规定：“（2）一份证明文件仅对应一次著录项目变更请求，同一著录项目发生**连续变更的，应当分别提交证明文件。**

（3）各种证明文件应当是原件。证明文件是复印件的，应当经过公证或者由出具证明文件的主管部门加盖公章**（原件在专利局备案确认的除外）；在外国形成的证明文件是复印件的，应当经过公证。”**

【修订说明】

①将“多次变更”修改为“连续变更”，具体理由参见第6.7.2.1节的解释。

②随着专利局电子审批系统的不断完善，对于证明文件原件已在专利局备案确认的，在使用该文件办理著录项目变更手续

时，仅填写证明文件备案号即可，无须提交已在专利局备案的证明文件的复印件。

③修订后的专利审查指南规定，在办理著录项目变更手续时，对于在外国形成的证明文件是复印件的，应当经过公证，不再需要经过认证。

七、关于明显实质性缺陷的审查（第7节）

（一）关于根据专利法第五条的审查（第7.2节）

【修订内容】为适应专利法第五条关于“国家法律”和遗传资源保护的规定的修改，对本节的有关内容作相应修改。

修订后的专利审查指南规定：“根据专利法第五条的规定，对违反**法律**、社会公德或者妨害公共利益的发明创造，**以及违反法律、行政法规的规定获取或者利用遗传资源，并依赖该遗传资源完成的发明创造，**不授予专利权。”

“**对依赖遗传资源完成的发明创造，应当审查遗传资源的获取或利用是否明显违反法律、行政法规的规定。**”

【修订说明】修改后的专利法第五条将“国家法律”修改为“法律”，使表述更为严谨和准确。同时，增加关于遗传资源的规定，本节的修订内容将其进一步加以明确，即初步审查中，审查员对此类专利申请进行审查时，首先是要判断该申请是否为依赖遗传资源完成的发明创造，然后审查其遗传资源的获取或利用是否明显违反法律、行政法规的规定。

（二）关于根据专利法第二十条第一款的审查（第7.3节）

【修订内容】本节为新增内容。

修订后的专利审查指南规定：“**根据专利法第二十条第一款的规定，申请人将在中国完成的发明向外国申请专利的，应当事先报经专利局进行保密审查。**

根据专利法实施细则第八条第一款的规定，在中国完成的发明，是指技术方案的实质性内容在中国境内完成的发明。

初步审查中，审查员有理由认为申请人违反上述规定向外国申请专利的，对于其在国内就相同的发明提出的专利申请，应当发出审查意见通知书。申请人陈述的理由不足以说明该申请不属于上述情形的，审查员可以以不符合专利法第二十条第一款为理由，根据专利法第二十条第四款和专利法实施细则第四十四条的规定作出驳回决定。”

【修订说明】为适应专利法第二十条的规定，增加了本节内容。根据专利法实施细则第四十四条的规定，发明专利申请初步审查范围中增加了专利法第二十条第一款的审查，因此修订后的专利审查指南增加了与向外申请的保密审查有关的规定。专利法第二十条第一款规定，任何单位或者个人将在中国完成的发明或者实用新型向外国申请专利的，应当事先报经专利局进行保密审查。修订后的专利审查指南规定，在初步审查中，审查员有理由认为申请人违反上述规定向外申请专利的，对于其在国内就相同的发明创造提出的专利申请，应当发出审查意见通知书，申请人陈述的理由不足以说明该申请不属于上述情形的，审查员可以以不符合专利法第二十条第一款为理由，根据专利法第二十条第四款和专利法实施细则第四十四条的规定作出驳回决定。

（三）关于依职权修改（第8节）

【修订内容】此节为新增内容。

修订后的专利审查指南规定：“**根据专利法实施细则第五十一条第四款的规定，对于发明专利申请文件中文字和符号的明显错误，审查员可以在初步审查合格之前依职权进行修改，并通知申请人。依职权修改的常见情形如下：**

（1）请求书：修改申请人地址或联系人地址中漏写、错写或者重复填写的省（自治区、直辖市）、市、邮政编码等信息。

（2）权利要求书和说明书：改正明显的文字错误和标点符号错误，修改明显的文本编辑错误，删除明显多余的信息。但是，可能导致原始申请文件记载范围发生变化的修改，不属于依职权修改的范围。

（3）摘要：添加明显遗漏的内容，改正明显的文字错误和标点符号错误，删除明显多余的信息，指定摘要附图。”

【修订说明】本节为新增内容。根据专利法实施细则第五十一条第四款的规定，审查员可以依职权对申请文件进行修改。修订后的专利审查指南将有关发明初审阶段的依职权修改的范围进行了集中的表述，有利于统一审查标准，节约审批程序，提高审查效率。根据修订后的专利审查指南的规定，对于申请文件中存在的一些文字和符号的明显错误，在发明专利申请初步审查合格之前审查员可以依职权进行修改，依职权修改的内容应告知申请人。

第二章　实用新型专利申请的初步审查

专利审查指南第一部分第二章的修订主要包括以下五个方面：第一，根据专利法实施细则第四十四条对实用新型初步审查范围的调整，增加了新颖性和实用性审查的有关规定，并相应删除原审查指南第6.5节“适于实用的新的技术方案”；第二，根据专利法实施细则第四十四条对实用新型初步审查范围的调整，增加了向外申请保密审查的有关规定；第三，将原审查指南第6.2节“产品的形状”与第6.3节“产品的构造”合并为一节，即第6.2节“产品的形状和/或构造”，有关实用新型保护客体的规定由五要素修改为三要素；第四，在第3.5节“申请的驳回”中，对实用新型申请的驳回条件作出了更为慎重的规定；第五，增加了国际申请进入实用新型初步审查阶段的有关规定。

一、关于引言（第1节）

【修改内容】在“（1）申请文件的形式审查”中增加专利法实施细则第二条，删除原专利法实施细则第十六条第一款，并将专利法实施细则第四十条、第四十二条、第四十三条第二款和第三款从“（3）其他文件的形式审查”调整至“（1）申请文件的形式审查”中。

在“（2）申请文件的明显实质性缺陷审查”中增加专利法第二十条第一款、第二十二条第二款或第四款。

在“（3）其他文件的形式审查”中增加专利法实施细则第二条、第三条、第一百一十九条。

根据专利法及其实施细则的修改，对涉及的条款序号进行适应性调整。

【修订说明】根据专利法实施细则第四十四条的规定，实用新型专利申请的初步审查范围增加了专利法第二十条第一款、第二十二条第二款和第四款，故在申请文件的明显实质性缺陷审查中相应增加上述条款；同时，根据专利法实施细则第四十四条第一款增加的第四项的规定，在申请文件和其他文件的形式审查中相应增加专利法实施细则第二条和第三条。

原专利法实施细则第十六条第一款（即专利法实施细则第十五条第一款）规定以书面形式提交的申请文件应当一式两份，但随着电子审批系统的上线，以及审查工作对纸件依赖程度的减小，专利局对书面形式提交申请文件需一式两份的规定已放宽要求，因此在申请文件的形式审查中删除原专利法实施细则第十六条第一款的规定。

专利法实施细则第四十条是有关附图补交的规定，专利法实施细则第四十二条、第四十三条第二款和第三款是有关分案申请的规定，上述条款明显属于对申请文件而非其他文件的审查。因此，修订后的专利审查指南将其从原来的“其他文件的形式审查”范围中调整至“申请文件的形式审查”范围中。

对申请文件和其他手续文件签章的审查是实用新型初步审查中的重要内容，在其他文件的形式审查中增加专利法实施细则第一百一十九条的审查，是对其他文件形式审查的完善。

二、关于程序节约原则（第2节）

【修订内容】在“（4）程序节约原则”最后位置增加“**对于申请文件中的缺陷均可以通过依职权修改克服的申请，审查员可以不发出补正通知书**”。

【修订说明】程序节约原则的宗旨在于审查员在符合规定的

情况下，应当尽可能提高审查效率和缩短审查过程。原审查指南在该部分仅对审查员发出补正通知书或审查意见通知书时，应如何尽可能提高审查效率的做法作出了规定，缺少依职权修改的内容。

专利法实施细则第五十一条第四款规定了国务院专利行政部门可以自行修改专利申请文件中文字和符号的明显错误。同时，专利审查指南第一部分第二章第8.3节也规定了审查员可以对申请文件依职权修改的内容。依据上述规定，在实际审查工作中，出于有利于申请人的目的，审查员通常对申请文件中可以通过依职权修改克服所有缺陷的申请，不发出补正通知书，而依职权对这些缺陷进行修改使其符合授权条件后，直接发出授予专利权通知书。事实表明，上述做法能较大程度地缩短审查周期，提高审查效率，节约审查程序。但该做法没有在原审查指南中作明确规定。

本次专利审查指南修订，将对申请文件中的缺陷均可以通过依职权修改的申请的处理写入程序节约原则中，是对程序节约原则内容的完善。同时，将审查实践中较为成熟的做法纳入专利审查指南的正式规定中，以形成规范性的审查指导。

三、关于审查程序（第3节）

（一）关于授予专利权通知（第3.1节）

【修订内容】增加第二段“**授予专利权通知书除收件人信息、著录项目外，还应指明授权所依据的文本和实用新型名称。审查员依职权修改的，还应当写明依职权修改的内容**”。

【修订说明】增加上述内容是为了在体例上和专利审查指南第一部分第二章第3.2、3.3节保持一致。专利审查指南第一部分第二章第3.2节第二段中规定了补正通知书的内容，在第3.3节第二段中规定了审查意见通知书的内容。因此，修订后的专利审查指南相应地在本节中增加第二段，规定授予专利权通知书应当写明的内容。

（二）关于申请文件的补正（第3.2节）

【修订内容】原审查指南对补正通知书包含的内容第（4）项规定为“指定申请人补正的期限”。修订后的专利审查指南将其修改为“指定申请人**答复补正通知书**的期限”。

【修订说明】在审查实践中，申请人针对补正通知书的答复有三种方式，一是补正，二是意见陈述，三是补正加意见陈述。原审查指南仅提及补正的说法不全面，没有涵盖意见陈述的方式，因此此处修改为“答复补正通知书的期限”。

（三）关于明显实质性缺陷的处理（第3.3节）

（1）【修订内容】修订后的专利审查指南将审查意见通知书包括的内容第（2）项修改为“明确具体地指出申请文件中存在的缺陷，并指出其不符合专利法及其实施细则的有关条款；对申请文件存在的明显实质性缺陷的事实，必要时还应结合有关证据进行分析”，其中“**对申请文件存在明显实质性缺陷的事实，必要时还应结合有关证据进行分析**”为新增内容。

【修订说明】原审查指南在审查意见通知书包括的内容第（2）项中缺少对明显实质性缺陷的事实进行分析的规定。在实际审查工作中，如果审查员认为申请文件存在不可能通过补正方式克服的明显实质性缺陷，会发出审查意见通知书，指出申请文件中存在的明显实质性缺陷事实，并对该事实进行分析。该分析是非常必要的，首先，对缺陷事实进行充分的说理，可以使申请人清楚、明了地理解申请文件存在该缺陷的事实，有利于申请人针对该缺陷修改申请文件或作出意见陈述；其次，根据修订后的专利审查指南关于申请的驳回章节中的规定，“以令人信服的事实、理由和证据作为驳回的依据，而且对于这些事实、理由和证据的听证，已经符合驳回条件”。那么在发出审查意见通知书时，就应当对缺陷的事实进行分析，这样才能满足驳回前的听证。

因此，修订后的专利审查指南在审查意见通知书包括的内容部分，明确规定“对申请文件存在明显实质性缺陷的事实，必要时还应结合有关证据进行分析”，是对审查意见通知书内容的完善。其中强调了必要时审查员还应当结合有关证据进行分析，例如，如果申请文件明显不具备新颖性，审查员还应当结合对比文件对其不具备新颖性的事实进行分析。该修改也是对缺陷事实分析需要使用证据的情形的补充。

（2）【修订内容】原审查指南对审查意见通知书包括的内容第（4）项规定为“指定申请人陈述意见的期限”。修订后的专利审查指南将其修改为“指定申请人**答复审查意见通知书**的期限”。

【修订说明】在审查实践中，申请人针对审查意见通知书答复的可能是陈述意见，也可能是通过补正的方式修改文件，原审查指南仅提及陈述意见的说法不全面，因此此处修改为“答复审查意见通知书的期限”。

（四）关于通知书的答复（第3.4节）

（1）【修订内容】将原审查指南第一段中“对申请文件的修改，应当按照补正通知书的要求进行”修改为“对申请文件的修改，应当**针对通知书指出的缺陷进行修改**”。

【修订说明】专利法实施细则第五十一条第三款规定：申请人在收到国务院专利行政部门发出的审查意见通知书后对专利申请文件进行修改的，应当针对通知书指出的缺陷进行修改。修订后的专利审查指南根据上述规定作了适应性修改。

（2）【修订内容】将原审查指南本章第3.4节第三段中“对于因正当理由或者因不可抗拒事由耽误期限而导致专利申请被视为撤回的，申请人可以在规定的期限内向专利局提出恢复权利的请求”修改为“对于**因不可抗拒事由或者因其他正当理由**耽误期限而导致专利申请被视为撤回的，申请人可以在规定的期限内向专利局提出恢复权利的请求”。

【修订说明】专利法实施细则第六条第一款规定了当事人因不可抗拒的事由而延误期限导致权利丧失情形的处理；第二款规定了当事人因其他正当理由延误期限导致权利丧失情形的处理。修订后的专利审查指南根据专利法实施细则第六条第一款、第二款作了适应性修改，将“因不可抗拒事由”移至“因其他正当理由”前，并根据该条款修改了相关措辞，即将“正当理由”修改为“其他正当理由”。

四、关于申请的驳回（第3.5节）

（一）关于行文结构的调整

【修订内容】将原审查指南第3.5节分为“3.5.1驳回条件”和“3.5.2驳回决定正文”两小节。

【修订说明】原审查指南本节第一段实质上对驳回条件作出了规定，但未明确该内容为驳回条件；又在驳回决定正文的理由部分中指出驳回条件“参照本指南第二部分第八章第6.1.1节的规定”。这样的撰写体例没有突出驳回条件的重要性，在行文逻辑及审查程序上也不合理。修订后的专利审查指南在本章第3.5.1节首先明确了实用新型的驳回条件，符合驳回条件的才能作出驳回决定，这样使得行文逻辑更为清晰合理；不采用参照的方式而是直接写明驳回条件，方便审查员阅读理解。同时，该修改也在体例上与专利审查指南发明实质审查部分的相关内容保持一致。

（二）关于驳回条件（第3.5.1节）

【修订内容】原审查指南将发出审查意见通知书和补正通知

书后不同的驳回条件置于一段中，规定："申请文件存在明显实质性缺陷，在审查员发出审查意见通知书后，经申请人陈述意见或者修改后仍然没有消除的，或者申请文件存在形式缺陷，审查员针对该缺陷已发出过两次补正通知书，经申请人陈述意见或者补正后仍然没有消除的，审查员可以作出驳回决定。"

修订后的专利审查指南规定："**申请文件存在审查员认为不可能通过补正方式克服的明显实质性缺陷，审查员发出审查意见通知书后，在指定的期限内申请人未提出有说服力的意见陈述和/或证据，也未针对通知书指出的缺陷进行修改，例如仅改变了错别字或改变了表述方式，审查员可以作出驳回决定。如果是针对通知书指出的缺陷进行了修改，即使所指出的缺陷仍然存在，也应当给申请人再次陈述和/或修改文件的机会。对于此后再次修改涉及同类缺陷的，如果修改后的申请文件仍然存在已通知过申请人的缺陷，审查员可以作出驳回决定。**

申请文件存在可以通过补正方式克服的缺陷，审查员针对该缺陷已发出过两次补正通知书，并且在指定的期限内经申请人陈述意见或者补正后仍然没有消除的，审查员可以作出驳回决定。"

【修订说明】修订后的专利审查指南将此处分为两段，分别指明发出审查意见通知书和补正通知书后不同的驳回条件。同时强调"指定的期限内"的答复文件是审查员的审查依据，原审查指南未强调这一点，如果对答复文件是否在期限内提交不作判断，将导致审查所依据的文本错误。

原审查指南中"申请文件存在明显实质性缺陷，在审查员发出审查意见通知书后，……经申请人陈述意见或补正后仍然没有消除的，审查员可以作出驳回决定"，上述规定容易使申请人产生误解，认为在实用新型审查中只要发出过一次审查意见通知书，申请人没有消除缺陷的，审查员就可以作出驳回决定。修订后的专利审查指南写明：发出审查意见通知书后，如果申请人没有进行实质性的修改，审查员可以直接作出驳回决定；如果申请人针对通知书指出的缺陷进行了修改，即使缺陷仍然存在，也应当再次给予申请人修改或陈述意见的机会。原则上，审查员不能仅发出过一次审查意见通知书后就作出驳回决定，该规定与专利审查指南发明实质审查的相关规定一致。

（三）关于驳回决定正文（第3.5.2节）

1. 关于案由部分

【修订内容】原审查指南在驳回决定案由部分规定“案由部分应当简述被驳回申请的审查过程，并对申请中需要驳回的事实进行认定”。

修订后的专利审查指南规定：“**在案由部分，应当指明驳回决定所针对的申请文本，并简述被驳回申请的审查过程**。”

【修订说明】审查实践中，在驳回决定的案由部分应当明确指明驳回决定所针对的申请文本，但原审查指南未作出相关规定。修订后的专利审查指南明确了上述规定，强调了指明驳回决定所针对的申请文本的重要性，是对驳回决定案由部分的完善性修改。而事实的认定在驳回理由部分描述更为合理，因此在案由部分删除了对驳回事实的认定。

2. 关于驳回的法律依据

【修订内容】修订后的专利审查指南将驳回的理由部分第（2）中的（i）项修改为：“正确选用法律条款。当可以同时根据专利法及其实施细则的不同条款驳回专利申请时，应当选择其中最为适合、占主导地位的条款作为驳回的主要法律依据，同时简要指出申请中存在的其他实质性缺陷。**驳回的法律依据应当包含在专利法实施细则第四十四条所列的法律条款中**。”其中的“**驳回的法律依据应当包含在专利法实施细则第四十四条所列的**

法律条款中”为新增内容。

【修订说明】专利法实施细则第四十四条规定了实用新型的初步审查范围，因此修订后的专利审查指南明确规定，对实用新型专利申请作出驳回决定时，所依据的条款应当在专利法实施细则第四十四条所列的法律条款中。

3. 对于因非实质性缺陷而驳回专利申请的情形

【修订内容】在驳回的理由部分第（2）的（iii）项中，原审查指南规定：“因存在非实质性缺陷而驳回申请时，例如，经多次补正仍不能使专利申请符合形式要求的，可只指出最后一次补正文件仍然存在的缺陷，而不必对驳回理由作进一步分析。”

修订后的专利审查指南规定：“**经多次补正仍然存在缺陷而驳回专利申请的，应当明确指出针对该缺陷已经发出过两次或两次以上补正通知书，并且最后一次补正文件仍然存在该缺陷**。”

【修订说明】因多次补正仍然存在缺陷而驳回专利申请的，原审查指南规定“指出最后一次补正文件仍然存在的缺陷”，修订后的专利审查指南规定，应当明确指出驳回所针对的缺陷已经发出过两次或两次以上补正通知书，与驳回条件的规定相一致。

4. 对于因明显实质性缺陷而驳回专利申请的法律依据

【修订内容】修订后的专利审查指南在第（2）的（iv）项中规定：“以专利法第二条第三款、**第五条**、第九条、**第二十条第一款**、**第二十二条第二款或第四款**、**第二十五条**、第二十六条第三款或第四款、第三十一条第一款、第三十三条或**专利法实施细则第二十条、第四十三条第一款**为理由驳回专利申请的，应当对申请文件中的明显实质性缺陷进行分析。”

【修订说明】对因存在明显实质性缺陷而驳回的法律依据在原审查指南中只规定了部分条款，规定不完整。修订后的专利审查指南根据专利法实施细则第四十四条的规定对涉及明显实质性缺陷的条款作适应性和完整性修改，增加了专利法第五条（违反法律等）、专利法第二十条第一款（向外申请的保密审查）、专利法第二十二条第二款（新颖性）、专利法第二十二条第四款（实用性）、专利法第二十五条（不授予专利权主题）、专利法实施细则第二十条（必要技术特征）、专利法实施细则第四十三条第一款（分案超范围）等法律条款，并按照法条的序号进行重新排序。

五、关于专利法第二条第三款的审查（第6节）

（一）关于行文结构的修改和调整

（1）【修订内容】将原审查指南第6.2节“产品的形状”与第6.3节“产品的构造”合并为修订后的专利审查指南第6.2节“产品的形状和/或构造”。

【修订说明】在实用新型保护客体的审查中，原审查指南将“形状”“构造”分为两节，容易产生误解，认为保护客体应当既包含针对产品形状提出的改进，又包含针对产品构造提出的改进。从实用新型定义来说，实用新型保护客体应当满足“产品”“形状、构造及其结合”和“技术方案”三要素，其中，“形状、构造及其结合”要素中可能包含三个方面：“形状”“构造”或“形状和构造”，保护客体审查中有关“形状、构造及其结合”只要满足上述三者之一即可，并不要求权利要求中既包含对产品形状提出的改进，又包含对产品构造提出的改进。修订后的专利审查指南将“产品的形状”与“产品的构造”合并为一节，即“6.2 产品的形状和/或构造”，并且针对小节题目增加说明：“实用新型应当是针对产品的形状和/或构造所提出的改进”，以明确保护客体审查中有关“形状、构造及其结合”只要满足三者之一即可。

（2）【修订内容】原审查指南第6.5节“适于实用的新的技

术方案”中规定：“专利法实施细则第二条第二款是对可获得专利保护的实用新型的一般性定义，而不是判断新颖性、创造性、实用性的具体审查标准。

因此，在初步审查中，对于要求保护的技术方案是否满足‘新的’、‘适于实用’的一般性要求，审查员通常仅需根据申请文件的描述判断其相对于背景技术是否作出了改进以及能否在产业上应用并产生有用的效果。”

修订后的专利审查指南删除了本节。

【修订说明】原审查指南规定，原专利法实施细则第二条第二款不是判断新颖性、创造性、实用性的具体审查标准，但是在实用新型初步审查中对于明显不是“适于实用”（例如永动机）的申请，审查员没有其他更为合适的法律依据，通常依据原专利法实施细则第二条第二款进行审查，这就存在法律依据是否适用得当的问题。此次专利法实施细则的修改，从根本上解决了上述问题。专利法实施细则第四十四条第一款在实用新型初步审查范围中增加了专利法第二十二条第二款和第四款的审查内容，今后对于明显缺乏新颖性和实用性的审查可以依据专利法第二十二条第二款和第四款，而不再依据修改后的专利法第二条第三款中的“适于实用的新的”进行审查。因此将原审查指南第6.5节第二段内容删除，相关内容写入第一部分第二章第11节和第12节，同时将第6.5节第一段内容移入到第6节第一段中。

（二）关于根据专利法第二条第三款的审查（第6节）

【修订内容】修订后的专利审查指南在本节第一段移入了**“这是对可以获得专利保护的实用新型的一般性定义，而不是判断新颖性、创造性、实用性的具体审查标准”**。

【修订说明】该内容是从原审查指南本章第6.5节第一段移入，修订后的专利审查指南进一步明确了专利法第二条第三款是对实用新型保护客体的一般性定义，与判断新颖性和实用性等专利性条件的审查无关，从而与发明保护客体的规定及解释相一致。

（三）关于涉及方法及材料特征的改进（第6.1节、第6.2.2节）

【修订内容】原审查指南对于涉及方法及材料的技术方案的规定为："如果权利要求中既包含形状、构造特征，又包含对方法本身提出的技术方案，则不属于实用新型专利保护的客体。例如，一种木质牙签，主体形状为圆柱形，端部为圆锥形，其特征在于：木质牙签加工成形后，浸泡于医用杀菌剂中5~20分钟，然后取出晾干。由于该权利要求包含了对方法本身提出的技术方案，因而不属于实用新型专利保护的客体。但是，以现有技术中已知方法的名称限定产品的形状、构造，例如，以焊接、铆接等已知方法名称限定各部件连接关系的，不属于对方法本身提出的技术方案。"

"如果权利要求中既包含形状、构造特征，又包含对材料本身提出的技术方案，则不属于实用新型专利保护的客体。例如，一种菱形药片，其特征在于，该药片是由20%的A组分、40%的B组分及40%的C组分构成的。由于该权利要求包含了对材料本身提出的技术方案，因而不属于实用新型专利保护的客体。但是将现有技术中已知的材料应用于具有形状、构造的产品上，例如复合木地板、塑料杯、记忆合金制成的心脏导管支架等，不属于对材料本身提出的技术方案。"

修订后的专利审查指南对涉及方法的审查规定为："**（1）权利要求中可以使用已知方法的名称限定产品的形状、构造，但不得包含方法的步骤、工艺条件等。例如，以焊接、铆接等已知方法名称限定各部件连接关系的，不属于对方法本身提出的改进。**

（2）如果权利要求中既包含形状、构造特征，又包含对方法本身提出的改进，例如含有对产品制造方法、使用方法或计算机程序进行限定的技术特征，则不属于实用新型专利保护的客

体。例如，一种木质牙签，主体形状为圆柱形，端部为圆锥形，其特征在于：木质牙签加工成形后，浸泡于医用杀菌剂中5～20分钟，然后取出晾干。由于该权利要求包含了对方法本身提出的改进，因而不属于实用新型专利保护的客体。”

修订后的专利审查指南对涉及材料的审查规定为：“（1）权利要求中可以包含已知材料的名称，即可以将现有技术中的已知材料应用于具有形状、构造的产品上，例如复合木地板、塑料杯、记忆合金制成的心脏导管支架等，不属于对材料本身提出的改进。

（2）如果权利要求中既包含形状、构造特征，又包含对材料本身提出的改进，则不属于实用新型专利保护的客体。例如，一种菱形药片，其特征在于，该药片是由20%的A组分、40%的B组分及40%的C组分构成的。由于该权利要求包含了对材料本身提出的改进，因而不属于实用新型专利保护的客体。”

【修订说明】修订后的专利审查指南将涉及方法及材料特征的审查规定分为两个层次，从正反两个方面作了明确的规定，使得行文条理清晰，便于理解；同时，明确了涉及方法和材料特征的审查属于保护客体的审查内容。

原审查指南关于对涉及方法、材料限定实用新型产品的形状、构造情形的审查在第6节和第7节使用了不同的法律条款，即原专利法实施细则第二条第二款和第二十条第一款，易造成适用法条的混淆及审查标准的不统一，因此本两节将涉及“方法”“材料”限定实用新型产品的形状、构造的情形均适用专利法第二条第三款进行审查，删除了原审查指南第一部分第二章第7.4节第（8）项和第（9）项的内容，将其分别整合入第6.2.2节“产品的构造”和第6.1节“实用新型专利只保护产品”中。

（四）关于“技术方案”修改为“改进”（第6.1节、第6.2节）

【修订内容】修订后的专利审查指南将第6.1节“实用新型

专利只保护产品”和第6.2节“产品的形状和/或构造”中多处“技术方案”修改为“改进”。例如，将“对产品形状所提出的技术方案”修改为“对产品形状所提出的**改进**”。

【修订说明】修订后的专利审查指南将上述两节中的“技术方案”修改为“改进”是为了区别实用新型专利保护客体的三要素之一——“技术方案”。“技术方案”在原审查指南第6.4节有规范的含义，而原审查指南第6.1、6.2、6.3节中的“技术方案”的含义与第6.4节的规范含义不相同，因此将此处的“技术方案”修改为“改进”更为准确恰当。

（五）关于建筑平面设计图（第6.3节）

【修订内容】删除原审查指南第6.4节“技术方案”第三段中“建筑平面设计图”的举例。

【修订说明】在实用新型初步审查中，有些涉及建筑物的实用新型专利申请，尽管其附图是以“建筑平面设计图”形式提交的，如果其解决了技术问题，仍然属于技术方案，不应该排除在实用新型专利保护客体之外，因此该举例不恰当，予以删除。

六、关于申请文件的审查（第7节）

（一）关于说明书（第7.2节）

（1）【修订内容】将原审查指南第一段中说明书审查的法律依据“专利法实施细则第十八条”修改为“**专利法实施细则第十七条第一款至第三款**”。

【修订说明】由于将原专利法实施细则第十八条修改为现在的第十七条，因此此处作适应性修改。专利法实施细则第十七条第四款涉及有关核苷酸或者氨基酸序列的规定，由于实用新型专利申请的说明书不可能包含核苷酸或者氨基酸序列，故排除该款。专利法实施细则第十七条第五款涉及实用新型专利申请说明书附图的规定，对该款的审查列入第一部分第二章第7.3节关于说明书附图的审查内容中，故排除该款。

(2)【修订内容】将原审查指南涉及专利法第二十六条第三款的审查，“参照本指南第二部分第二章第2节的规定”修改为“参照本指南第二部分第二章**第2.1节**的规定”。

【修订说明】修订后的专利审查指南第二部分第二章第2节是关于说明书审查的规定，仅在第2.1节中涉及专利法第二十六条第三款的审查，此处对参照的指引作了准确性修改。

(3)【修订内容】将原审查指南本节第(9)项“说明书文字部分写有附图说明但说明书无附图或者缺少相应附图的”修改为“说明书文字部分写有附图说明**但说明书缺少相应附图的**”。

【修订说明】经过专利局受理处的审查，进入实用新型初审阶段的实用新型专利申请一般不存在说明书无附图的情形，因此删除“说明书无附图”的描述。实用新型初步审查中，如果出现专利申请无附图的特殊情况，应该退回受理处重新审查。

(4)【修订内容】将原审查指南本节第(9)项“应当通知申请人删除说明书文字部分的附图说明”修改为“应当通知申请人**取消**说明书文字部分的附图说明”；将“申请人删除相应附图说明的，保留原申请日”修改为“申请人**取消**相应附图说明的，保留原申请日”。

【修订说明】为了与专利法实施细则第四十条的措辞一致，将“删除”修改为“取消”，使得用词更准确。

(二)关于说明书附图(第7.3节)

(1)【修订内容】修订后的专利审查指南增加了第一段“**附图是说明书的一个组成部分。附图的作用在于用图形补充说明书文字部分的描述，使人能够直观地、形象地理解实用新型的每个技术特征和整体技术方案。因此，说明书附图应该清楚地反映实**

用新型的内容”。

【修订说明】增加此段内容，主要是参照修订后的专利审查指南第二部分第二章第2.3节有关说明书附图的规定，明确了说明书附图是说明书的一部分，避免将说明书附图与说明书割裂开来对待；同时明确了说明书附图的重要作用。

（2）【修订内容】修订后的专利审查指南将原审查指南说明书附图审查的法律依据“专利法实施细则第十九条和第三十九条的规定”修改为“**专利法实施细则第十七条第五款和第十八条的规定**”。

【修订说明】原专利法实施细则第十九条修改为专利法实施细则第十八条，此处作适应性修改。新增加的专利法实施细则第十七条第五款规定，实用新型专利申请应当有表示要求保护的产品的形状、构造或者其结合的附图。当实用新型专利申请缺少说明书附图或实质上缺少说明书附图时，应根据专利法实施细则第十七条第五款的规定进行审查，而不再依据专利法实施细则第三十九条进行审查。虽然专利法实施细则第三十九条规定了实用新型必须包括附图，但该规定涉及实用新型专利申请的受理条件，不属于实用新型初步审查的范围，因此修订后的专利审查指南删除了该条款。

（3）【修订内容】修订后的专利审查指南将本节第（2）项“附图应当使用制图工具和黑色墨水绘制”修改为“附图应当使用**包括计算机在内的**制图工具和黑色墨水绘制”。

【修订说明】随着计算机制图技术的普及和发展，申请人大量使用计算机作为制图工具，很少采用手工绘制。增加“包括计算机在内”的制图工具，是为了适应当今制图工具的发展，避免对制图工具作狭隘的解释。

（4）【修订内容】修订后的专利审查指南将本节第（5）项修改为“附图的大小及清晰度，应当保证在该图缩小到三分之二时仍能清晰地分辨出图中的各个细节，以能够满足复印、扫描的要求为准”，其中的“**以能够满足复印、扫描的要求为准**”为新增内容。

【修订说明】原审查指南对说明书附图清晰度的审查没有具体规定，修订后的专利审查指南参照第一部分第一章第4.3节增加了上述内容。

（5）【修订内容】修订后的专利审查指南将本节第（7）项关于说明书附图编写页码的规定修改为第（11）项。

【修订说明】专利审查指南关于说明书和权利要求书中应当编写页码的规定，均放在相应小节内容的最后。为保持体例上的一致，修订后的专利审查指南将说明书附图应当编写页码的规定调整到本小节内容的最后位置。

（6）【修订内容】修订后的专利审查指南增加第（10）项“**说明书附图中应当有表示要求保护的产品的形状、构造或者其结合的附图，不得仅有表示现有技术的附图，也不得仅有表示产品效果、性能的附图，例如温度变化曲线图等**”。

【修订说明】增加此项内容，是根据专利法实施细则第十七条新增的第五款的规定作适应性修改。原审查指南中没有关于说明书实质上无附图的审查规定，审查实践中对于实用新型实质上无附图的情形依据专利法第二十六条第三款或者专利法实施细则第三十九条进行审查，均欠合理。今后类似缺陷适用专利法实施细则第十七条第五款的规定进行审查。如果申请不符合专利法实施细则第十七条第五款的规定，发出补正通知书。申请人补交附图的，应根据专利法第三十三条的规定审查其是否修改超范围；申请人不补交附图的，以不符合专利法实施细则第十七条第五款的规定予以驳回。

（三）关于权利要求书（第7.4节）

（1）【修订内容】修订后的专利审查指南将原审查指南中对

权利要求书审查法律依据“专利法实施细则第二十条至第二十三条”修改为“**专利法实施细则第十九条至第二十二条**”。

【修订说明】此项修改是根据专利法实施细则的修改作适应性修改。

(2)【修订内容】修订后的专利审查指南将原审查指南涉及专利法第二十六条第四款的审查，“参照本指南第二部分第二章第3节的规定”修改为“参照本指南第二部分第二章**第3.2节**的规定”。

【修订说明】专利审查指南第二部分第二章第3节是关于权利要求书审查的规定，仅在第3.2节中涉及专利法第二十六条第四款的审查，此处对参照的指引作了准确性修改。

(3)【修订内容】修订后的专利审查指南将本节第(1)项“权利要求书应当以说明书为依据，说明要求专利保护的范围”修改为“权利要求书应当以说明书为依据，**清楚、简要地限定要求专利保护的范围**”；将第(2)项“权利要求书应当写明实用新型的技术特征，清楚、简要地表述请求保护的范围”修改为“**权利要求书应当记载实用新型的技术特征**”。

【修订说明】修订后的专利审查指南根据专利法第二十六条第四款及专利法实施细则第十九条第一款的修改作适应性修改。

(4)【修订内容】修订后的专利审查指南增加第(8)项“**权利要求中一般不得含有图形表达的技术特征**”。

【修订说明】在权利要求中采用图形表达的技术特征通常会导致权利要求的保护范围不清楚，并且审查标准也很难明确规定在权利要求中允许哪些图形特征。因此，修订后的专利审查指南规定了权利要求中一般不得含有用图形表达的技术特征，其中“一般”一词主要是为了排除有些可以使用计算机打印出的非中文字符。

(5)【修订内容】修订后的专利审查指南删除本节第(8)

和（9）项关于权利要求中涉及材料和方法的规定。

【修订说明】原审查指南第7.4节第（8）和（9）项是关于权利要求书中涉及材料和方法的审查规定，但权利要求书中涉及材料和方法的审查实际上属于对实用新型保护客体的审查，修订后的专利审查指南将其调整至第6节关于实用新型保护客体的审查中更为合理。今后权利要求中包含不属于实用新型专利保护的新材料或新方法时，均适用专利法第二条第三款的规定进行审查。

（四）关于说明书摘要（第7.5节）

【修订内容】修订后的专利审查指南将说明书摘要审查的法律依据为“专利法实施细则第二十四条”修改为“**专利法实施细则第二十三条**”。

【修订说明】修订后的专利审查指南根据专利法实施细则的修改作适应性修改。

（五）关于申请文件出版条件的格式审查（第7.6节）

【修订内容】修订后的专利审查指南增加本小节，以援引方式指出申请文件出版条件的格式审查使用本部分第一章第4.6节的规定。

【修订说明】原审查指南第一部分第二章中没有对申请文件出版条件的格式审查作出规定。在审查实践中，实用新型初步审查一直对申请文件出版条件作格式审查。修订后专利审查指南第一部分第一章中也有关于出版条件格式审查的规定。此次修订增加本节，指出具体审查规定适用第一部分第一章第4.6节的规定，完善了第一部分第二章对实用新型申请文件出版条件格式审查的规定。

七、关于专利法第三十三条的审查（第8节）

（一）关于根据专利法第三十三条的审查（第8节）

【修订内容】修订后的专利审查指南将最后一段“申请人在收到专利局的审查意见通知书或者补正通知书后，应当按照通知书的要求对专利申请文件进行修改”修改为“申请人在收到专利局的审查意见通知书或者补正通知书后，应当**针对通知书指出的缺陷**进行修改”。

【修订说明】专利法实施细则第五十一条第三款规定，申请人在收到国务院专利行政部门发出的审查意见通知书后对专利申请文件进行修改的，应当针对通知书指出的缺陷进行修改。修订后的专利审查指南根据上述规定作了适应性修改。

（二）关于针对通知书指出的缺陷进行修改（第8.2节）

【修订内容】修订后的专利审查指南将原审查指南本节第一句“对于按照通知书要求进行的修改，审查员应当审查该修改是否超出原说明书和权利要求书记载的范围以及是否按照通知书要求进行修改”修改为：“对于**申请人答复通知书时所作**的修改，审查员应当审查该修改是否超出原说明书和权利要求书记载的范围以及是否**针对通知书指出的缺陷**进行修改。**对于申请人提交的包含有并非针对通知书所指出的缺陷进行修改的修改文件，如果其修改符合专利法第三十三条的规定，并消除了原申请文件存在的缺陷，且具有授权的前景，则该修改可以被视为是针对通知书指出的缺陷进行的修改，经此修改的申请文件应当予以接受。对于不符合专利法实施细则第五十一条第三款规定的修改文本，审查员可以发出通知书，通知申请人该修改文本不予接受，并说明理由，要求申请人在指定期限内提交符合专利法实施细则第五十一条第三款规定的修改文本，同时应当指出，如果申请人**

再次提交的修改文本仍然不符合专利法实施细则第五十一条第三款的规定，审查员将针对修改前的文本继续审查，例如作出授权或驳回决定。”

【修订说明】原审查指南没有明确规定申请人未针对通知书指出的缺陷进行修改的处理方式，修订后的专利审查指南根据专利法实施细则第五十一条第三款增加了该情形的处理方式。

（1）本节修改明确了审查员在审查修改后的文件时应关注两点：修改的内容是否超范围；修改的方式是否符合专利法实施细则第五十一条第三款的规定。

（2）增加了视为针对通知书指出的缺陷进行修改的规定：对于申请人提交的包含有并非针对通知书所指出的缺陷进行修改的修改文件，如果其修改符合专利法第三十三条的规定，并消除了原申请文件存在的缺陷，且具有授权前景，则该修改可以被视为是针对通知书指出的缺陷进行的修改，经此修改的申请文件应当予以接受。

（3）明确了对于不符合专利法实施细则第五十一条第三款的修改的处理方式：“发出通知书，通知申请人该修改文本不予接受”，此处需要说明的是，此处的“通知书”应与前次通知书的类型一致，并再次简述已告知过的缺陷，同时指定新的答复期限。

（4）对申请人再次修改仍然不符合专利法实施细则第五十一条第三款规定的，审查员将依据修改前的文本继续审查，如果符合驳回条件的，可以作出驳回决定；如果通知书中指出的缺陷是可以依职权修改的，审查员可以对修改前的文本依职权修改后，作出授权决定。

（三）关于审查员依职权修改（第8.3节）

（1）【修订内容】修订后的专利审查指南将原审查指南所规定的依职权修改范围由“审查员在作出授予实用新型专利权通

知前，可以对准备授权的文本依职权进行修改（参照本指南第二部分第八章第5.2.4.2节的规定）”修改为“审查员在作出授予实用新型专利权通知前，**可以对申请文件中文字和符号的明显错误依职权进行修改”**。

【修订说明】原审查指南仅规定审查员可以对授权文本依职权进行修改。审查实践中，审查员也可对请求书中的明显错误依职权进行修改，故此处将依职权修改所涉及的文本修改为“申请文件”，完善了上述规定。根据专利法实施细则第五十一条第四款的规定，国务院专利行政部门可以自行修改申请文件中文字和符号的明显错误。此处修改引用了其中的“文字和符号的明显错误”，同时在下文详细列举了可以依职权修改的项目，并取消了对审查指南其他章节的援引。

（2）【修订内容】原审查指南没有关于依职权对请求书进行修改的内容，修订后的专利审查指南增加了相应的内容：“（1）**请求书：修改申请人地址或联系人地址中漏写、错写或者重复填写的省（自治区、直辖市）、市、邮政编码等信息**。”

【修订说明】上述修改与修订后的专利审查指南第一部分第一章第8节保持一致，并进一步明确了请求书依职权修改的内容，便于审查员操作。

（3）【修订内容】将原审查指南本节最后一段“审查员依职权修改的内容，应当在案卷中记载并通知申请人”中的“案卷”一词修改为“**文档**”。

【修订说明】根据修订后的专利审查指南第五部分第四章第1节对“文档”的解释，专利申请文档包括案卷和电子文档。“案卷”一般仅指纸件形式的文件，原审查指南此处仅提及案卷，说法不全面。修订后的专利审查指南将“案卷”修改为“文档”，包含了纸件文档及电子文档。

八、关于根据专利法第三十一条第一款的审查（第9节）

【修订内容】修订后的专利审查指南规定："根据专利法第三十一条第一款以及专利法实施细则第三十四条的规定对实用新型专利申请明显缺乏单一性的缺陷进行审查。**在实用新型的初步审查中，确定特定技术特征时一般依据申请文件中所描述的背景技术。**

有关单一性的审查参照本指南第二部分第六章第2节的规定。"

其中的"**在实用新型的初步审查中，确定特定技术特征时一般依据申请文件中所描述的背景技术**"为新增内容。

【修订说明】原审查指南中没有规定在实用新型初步审查中如何判定申请的特定技术特征。在实用新型的初步审查中，由于未经检索，判断对现有技术作出贡献的特定技术特征缺乏客观依据。基于初步审查的实际状况，修订后的专利审查指南明确规定应基于申请文件自身记载的背景技术确定特定技术特征，该规定可避免执行标准的不统一。

九、关于根据专利法第二十二条第二款的审查（第11节）

【修订内容】修订后的专利审查指南增加本节内容：

"初步审查中，审查员一般不通过检索来判断实用新型是否明显不具备新颖性。审查员可以根据未经其检索获得的有关现有技术或抵触申请的信息判断实用新型是否明显不具备新颖性。

但是，实用新型涉及非正常申请的，例如明显抄袭现有技术或者属于内容明显实质相同的专利申请重复提交，审查员应当根据检索获得的对比文件或者其他途径获得的信息判断实用新型是否明显不具备新颖性。

有关新颖性的审查参照本指南第二部分第三章的规定。"

【修订说明】由于专利法实施细则第四十四条在实用新型初步审查范围中增加了新颖性审查，故增加本节。专利法实施细则修改前，对于涉及明显不具备新颖性的实用新型非正常申请，由于没有合适的法律依据，处理起来非常棘手。另外，即使审查员已经从其他途径得知申请缺乏新颖性，例如从申请本身附带的检索报告得知有破坏其新颖性的对比文件，也不能指出其新颖性方面的缺陷，而是予以授权，这样的结果明显不利于实用新型申请质量的提高。修订后的专利审查指南明确规定了对于明显不具备新颖性的实用新型申请，初步审查可以依据专利法第二十二条第二款的规定进行审查。此节修订需关注以下三点：

（1）明显不具备新颖性审查是指，评价新颖性的对比文件不是经过审查员主动检索获得的，有关新颖性的审查标准与发明实质审查相同，没有区别。

（2）初步审查中“一般不通过检索来判断”现有技术状况，在实用新型初步审查中只需依据说明书的背景技术中记载的现有技术（主要指专利文献）进行新颖性审查；仅在涉及非正常申请的情况下通过检索并进行新颖性审查。

（3）审查员未经检索获得现有技术或抵触申请信息的，应当基于这些信息进行新颖性审查。例如以下五种情形：

①申请人要求享有不丧失新颖性宽限期但不符合规定，并且提交了足以破坏该申请新颖性的有关证明材料。

②申请人要求优先权但优先权不成立，并且在先申请足以破坏该申请的新颖性。

③进入国家阶段的国际申请的国际检索报告中所列出的对比文件和专利性国际初步报告中引入的对比文件足以破坏该实用新型申请的新颖性。

④任何单位或个人针对所审查的实用新型专利申请提供了相关的检索报告，且检索报告中所列出的对比文件足以破坏该申请

的新颖性。

⑤任何单位或个人针对所审查的实用新型提供了有关抵触申请信息，或者审查时发现审查员本人之前已经审查过的实用新型专利申请构成该申请的抵触申请。

(4) 对于认定为非正常申请的实用新型申请，审查员应当进行新颖性审查，即进行检索并根据检索所获得的对比文献或其他信息来判断其是否明显不具备新颖性；这是惟一要通过检索进行新颖性审查的情形，主要是为了加大对非正常申请的打击力度。

本节还明确了有关新颖性的审查可参照修订后的专利审查指南发明实质审查部分的相关规定。

十、关于根据专利法第二十二条第四款的审查（第12节）

【修订内容】修订后的专利审查指南增加本节内容：

“实用性是指所申请的产品必须能够在产业中制造和应用，而且该产品能够产生积极、有益的效果。

有关实用性的审查参照本指南第二部分第五章的规定。”

【修订说明】由于专利法实施细则第四十四条在实用新型初步审查范围中增加了实用性审查，故增加本节。自专利法实施以来，实用性审查实质上一直都属于实用新型初步审查范围。只是在专利法实施细则修改前，对于类似永动机等不具备实用性的申请，都适用原专利法实施细则第二条第二款进行审查。由于原专利法实施细则第二条第二款是关于实用新型专利保护客体的规定，用该条款审查实用性在法理上并不恰当。今后，涉及实用性的审查将适用专利法第二十二条第四款的规定，审查标准与发明实质审查中实用性的审查标准相同。

十一、关于根据专利法第九条的审查（第13节）

【修订内容】修订后的专利审查指南在本小节增加第一段："**专利法第九条第一款规定，同样的发明创造只能授予一项专利权。专利法第九条第二款规定，两个以上的申请人分别就同样的发明创造申请专利的，专利权授予最先申请的人。**"删除第二段中的"或者实用新型专利申请是否明显不符合专利法实施细则第十三条第一款的规定"。

【修订说明】由于原专利法实施细则第十三条第一款的内容上升到专利法第九条第一款，此处修改增加了专利法第九条第一款的内容，并删除了涉及原专利法实施细则第十三款第一款的内容。

十二、关于根据专利法第二十条第一款的审查（第14节）

【修订内容】修订后的专利审查指南增加了本节内容：

"**根据专利法第二十条第一款的规定，申请人将在中国完成的实用新型向外国申请专利的，应当事先报经专利局进行保密审查。**

根据专利法实施细则第八条第一款的规定，在中国完成的实用新型，是指技术方案的实质性内容在中国境内完成的实用新型。

初步审查中，审查员有理由认为申请人违反上述规定向外国申请专利的，对于其在国内就相同的实用新型提出的专利申请，应当发出审查意见通知书。申请人陈述的理由不足以说明该申请不属于上述情形的，审查员可以以不符合专利法第二十条第一款为理由，根据专利法第二十条第四款和专利法实施细则第四十四条的规定作出驳回决定。"

【修订说明】由于专利法实施细则第四十四条在实用新型初

步审查范围中增加了专利法第二十条第一款的审查，故专利审查指南中相应增加本节关于实用新型保密审查的内容。

十三、关于进入国家阶段的国际申请的审查（第15节）

【修订内容】修订后的专利审查指南增加了第15节“进入国家阶段的国际申请的审查”，包括“15.1 审查依据文本的确认”和“15.2 审查要求”，具体内容略。

【修订说明】修订后的专利审查指南增加此节是因为该节内容在原审查指南中是缺失的，原审查指南第三部分第一章的内容是关于国际申请进入国家阶段手续及发明专利申请的初步审查，第二章的内容是发明的国际申请实质审查阶段的审查，整个第三部分缺少国际申请要求实用新型保护而进入实用新型初步审查阶段的审查规定。本节仅对实用新型专利国际申请的特殊问题进行说明和规定，与国家申请相同的问题适用修订后的专利审查指南第一部分第二章的相关规定。

（一）关于审查依据文本的确认（第15.1节）

【修订内容】该小节包括：“15.1.1 申请人的请求”“15.1.2 审查依据的文本”以及“15.1.3 原始提交的国际申请文件的法律效力”。

【修订说明】第15.1.1节与第15.1.3节的内容与修订后的专利审查指南第三部分第二章发明专利国际申请相关内容一致。第15.1.2节总体包括国际阶段的修改（专利合作条约第19条、第34条）和国家阶段的修改。专利法实施细则对原第一百零九条关于实用新型专利国际审查自进入日起1个月内的主动修改期限的规定进行了修改，在专利法实施细则第一百一十二条第一款中规定了实用新型自进入日起2个月内的主动修改期限，修订后的专利审查指南根据专利法实施细则进行了适应性修改。同时，修订后的专利审查指南对申请人根据专利合作条约第28条或第

41条所进行的修改也作了期限上的限定，其期限应当在进入日起2个月内，即应当符合专利法实施细则第一百一十二条第一款的规定。

特别需要提示的是有关援引加入，在2007年8月6日专利局发布的125号公告中提出，中国对援引加入做了保留。同样保留的国家或地区还有日本、韩国、欧洲地区组织、德国、西班牙、意大利等，这意味着国际申请进入中国国家阶段时，对于通过援引优先权文件的方式加入的项目（项目是指全部的说明书和全部的权利要求）或部分（指部分说明书、部分权利要求、全部或部分附图），中国将不予认可，并根据情况修改国际申请日。修订后的专利审查指南第三部分第一章规定，在进入国家阶段时，申请人应当在进入声明中指明该申请包含援引加入的内容，在办理进入国家阶段手续时重新确定相对于中国的国际申请日，此时可以保留援引加入的内容，援引加入的内容被认为是原始提交的申请文件的一部分。除了上述规定外，本小节同时又规定了申请人未在进入声明中指明申请文件含有援引加入项目或部分的，**实用新型初步**审查阶段审查员发现实际存在援引加入的内容，申请人将不能再采用修改申请日的方式保留援引加入的内容，而应当删除上述内容。

（二）关于审查要求（第15.2节）

【修订内容】该小节包括："15.2.1 申请文件的审查""15.2.2 单一性的审查""15.2.3 在先申请是在中国提出"以及"15.2.4 改正译文错误"。

【修订说明】第15.2.1节"申请文件的审查"、第15.2.2节"单一性的审查"、第15.2.3节"在先申请是在中国提出"与修订后的专利审查指南第三部分第一章中相关内容一致。

原专利法实施细则第一百一十条第一款第（一）项规定"在国务院专利行政部门作好国家公布的准备工作之前"可以改

正译文错误，此规定未指明是否适用于实用新型，修改后相应的专利法实施细则第一百一十三条第一款第（一）项对实用新型改正译文错误的时机作了明确规定，修订后的专利审查指南第15.2.4节“改正译文错误”根据专利法实施细则的上述修改进行了适应性修改，即在国务院专利行政部门作好公告实用新型专利权的准备工作之前，申请人发现中文译文存在错误，可以提出改正请求。申请人改正译文错误的，应当提出书面请求并缴纳规定的译文改正费。

第三章　外观设计专利申请的初步审查

根据专利审查指南第一部分第三章顺序，修订主要包括以下方面：第一，根据修改后的专利法及其实施细则调整了外观设计专利申请初步审查中所适用的条款；第二，规范了补正通知书、审查意见通知书以及驳回决定的内容；第三，简化了外观设计产品名称的审查；第四，修订了外观设计图片或者照片审查的有关内容；第五，修订了简要说明的审查；第六，增加了根据专利法第二十五条第一款第（六）项的审查内容；第七，对专利法第二条第四款的解释进行了补充和修订；第八，增加了根据专利法第二十三条第一款的审查；第九，增加并修订了根据专利法第三十一条第二款和专利法实施细则第三十五条进行审查的有关内容；第十，修订了根据专利法第三十三条的审查；第十一，修订了根据专利法第九条进行审查的有关内容；第十二，修订了外观设计分类的内容。

一、关于引言（第1节）

【修订内容】根据专利法及其实施细则，修订了本部分所对应的法律条款。

【修订说明】专利法及其实施细则中有关外观设计初步审查的内容一方面有所增加，另一方面有的法律条款序号发生了变化，因此，本次修订对本节的法律条款作适应性修改。

二、关于审查原则（第2节）

【修订内容】在“程序节约原则”中，增加了依职权修改，即“**对于所有缺陷均可以通过依职权修改克服的申请，审查员可以不发出补正通知书**”。

【修订说明】为了节约审查程序，原审查指南中已经明确列出了审查员可以“依职权修改”的内容，而且在外观设计的初步审查中，审查员也经常使用这种方式对可以授权的申请文件进行修改。但是，这种修改方式在审查原则部分并没有得到体现，因此，在“程序节约原则”中补充“**依职权修改**”这种修改方式。

三、关于审查程序（第3节）

【修订内容】修订后的专利审查指南增加了补正通知书、审查意见通知书以及驳回决定的内容。

关于补正通知书，修订后的专利审查指南删除了原审查指南中“补正通知书应当指明专利申请存在的缺陷，说明理由，同时指定答复期限”。明确规定补正通知书所应包含的必要内容：**“补正通知书除收件人信息、著录项目外，还应包括如下内容：**

（1）指出补正通知书所针对的是申请人何时提交的何种文件；

（2）明确、具体地指出申请文件中存在的缺陷，并指出其不符合专利法及其实施细则的有关条款；

（3）明确、具体地说明审查员的倾向性意见和可能的建议，使申请人能够理解审查员的意图；

（4）指定申请人答复补正通知书的期限。”

关于审查意见通知书，删除原审查指南中“审查意见通知书中应当指明专利申请存在的实质性缺陷，说明理由，同时指定答复期限”的规定。明确了审查意见通知书应包含的必要内容：“**审查意见通知书除收件人信息、著录项目外，还应包括如下内容：**

（1）指出审查意见通知书所针对的是申请人何时提交的何种文件；

（2）明确、具体地指出申请文件中存在的缺陷，并指出其不符合专利法及其实施细则的有关条款，对申请文件存在明显实质性缺陷的事实，必要时还应结合有关证据进行分析；

（3）说明审查员将根据专利法及其实施细则的有关规定准备驳回专利申请的倾向性意见；

（4）指定申请人答复审查意见通知书的期限。”

关于驳回决定，所增加的内容为：“**案由部分应当简述被驳回申请的审查过程，即历次的审查意见和申请人的答复概要、申请所存在的导致被驳回的缺陷以及驳回决定所针对的申请文本。**

驳回的理由部分应当说明驳回的事实、理由和证据，并符合下列要求：

（1）正确选用法律条款。当可以同时根据专利法及其实施细则的不同条款驳回专利申请时，应当选择其中最适合、占主导地位的条款作为驳回的主要法律依据，同时简要地指出专利申请中存在的其他缺陷。

（2）以令人信服的事实、理由和证据作为驳回的依据，而且对于这些事实、理由和证据，应当已经通知过申请人，并已给申请人至少一次陈述意见和/或修改申请文件的机会。

审查员在驳回理由部分还应当对申请人的争辩意见进行简要的评述。”

【修订说明】为了指导审查实践，专利审查指南增加本部分内容，以使审查员撰写出更完善的通知书。

原审查指南中对撰写驳回决定没有相应的规定，因此，审查员所撰写的驳回决定容易出现各种各样的问题。为此，本节结合外观设计初步审查程序的特点，参考实质审查部分有关驳回决定的撰写规定，对外观设计初步审查的驳回决定撰写要求作出了规定。

四、关于申请文件及其他文件的审查（第4~5节）

（一）关于申请文件的审查（第4节）

【修订内容】“**根据专利法第二十七条的规定，**申请外观设计专利的，应当提交请求书、该外观设计的图片或者照片**以及对该外观设计的简要说明等文件；申请人提交的有关图片或者照片应当清楚地显示要求专利保护的产品的外观设计。**”

【修订说明】修改后的专利法第二十七条整合了原专利法第二十七条及原专利法实施细则第二十七条第三款的内容，删除了原专利法第二十七条中的“并且应当写明使用该外观设计的产品及其所属的类别”的内容，修订后的专利审查指南此处直接列出了修改后专利法第二十七条的内容。

（二）关于请求书（第4.1节）

1. 关于使用外观设计的产品名称（第4.1.1节）

【修订内容】修订后的专利审查指南对“使用外观设计的产品名称”的有关规定进行了归纳和简化。改为“**使用外观设计的产品名称对图片或者照片中表示的外观设计所应用的产品种类具有说明作用。使用外观设计的产品名称应当与外观设计图片或者照片中表示的外观设计相符合，准确、简明地表明要求保护的产品的外观设计。产品名称一般应当符合国际外观设计分类表中小类列举的名称。产品名称一般不得超过20个字。**

产品名称通常还应当避免下列情形：

（1）含有人名、地名、国名、单位名称、商标、代号、型号或以历史时代命名的产品名称；

（2）概括不当、过于抽象的名称，例如‘文具’、‘炊具’、‘乐器’、‘建筑用物品’等；

（3）描述技术效果、内部构造的名称，例如‘节油发动机’、‘人体增高鞋垫’、‘装有新型发动机的汽车’等；

（4）附有产品规格、大小、规模、数量单位的名称，例如‘21 英寸电视机’、‘中型书柜’、‘一副手套’等；

（5）以外国文字或无确定的中文意义的文字命名的名称，例如‘克莱斯酒瓶’，但已经众所周知并且含义确定的文字可以使用，例如‘DVD 播放机’、‘LED 灯’、‘USB 集线器’等。”

【修订说明】原审查指南本节中对外观设计的产品名称规定得非常细致，例如对括号的形式和其中的内容都规定得非常具体，审查实践中审查员常常因为产品名称后的数字没有加括号，就需要对产品名称进行修改；另外，不允许“以产品的形状、图案和色彩命名的名称……”，使得外观设计的产品名称过分单一，对于通过产品名称进行检索非常不利；“省略不当的名称，例如……”的情况可以通过“使用外观设计的产品名称应当与外观设计图片或者照片中表示的外观设计相符合，准确、简明地表明要求保护的产品的外观设计”的规定加以规范，因此，本次修订删除了上述内容。

此外，“产品名称一般应当符合国际外观设计分类表中小类列举的名称”以及“产品名称应当与外观设计图片或者照片中表示的产品相符合”属于对产品名称的一般性要求，所以，移至本小节的第一段。

2. 关于产品的类别

【修订内容】修订后的专利审查指南删除了原审查指南第 4.1.2 节类别的内容。

【修订说明】修改后的专利法第二十七条第一款以及专利法

实施细则第四十七条不再要求申请人在请求书中写明外观设计产品所属的类别，因此，修订后的专利审查指南删除了相关内容。

（三）关于外观设计图片或者照片（第4.2节）

1. 关于图片或者照片的一般性规定

【修订内容】修订后的专利审查指南增加了根据图片或者照片以及简要说明确定外观设计专利保护范围的法律条款，并修订了图片或者照片应当清楚地显示外观设计的法律条款，即“**专利法第五十九条第二款规定，外观设计专利权的保护范围以表示在图片或者照片中的该产品的外观设计为准，简要说明可以用于解释图片或者照片所表示的该产品的外观设计。专利法第二十七条第二款规定，申请人提交的有关图片或者照片应当清楚地显示要求专利保护的产品的外观设计**”。严格了立体产品的视图提交要求，即“产品设计要点仅涉及一个或几个面的，应当至少提交所涉及面的正投影视图和立体图，**并应当在简要说明中写明省略视图的原因**”；将原审查指南第四部分第五章有关“**参考图**”的作用移入本节，即“**此外，申请人可以提交参考图，参考图通常用于表明使用外观设计的产品的用途、使用方法或者使用场所等**”；将对图片或者照片的有关色彩的要求移入本节“**色彩包括黑白灰系列和彩色系列。对于简要说明中声明请求保护色彩的外观设计专利申请，图片的颜色应当着色牢固、不易褪色**”。

【修订说明】立体产品的设计要点如果未涉及所有六个面，申请人可以仅提交所涉及面的正投影视图和立体图，但是，应当在简要说明中说明未提交其他视图的原因，例如因对称而省略，或者因相同而省略等，这样有助于准确地确定立体产品要求专利保护的范围。

参考图对于确定外观设计专利的保护范围并非绝对没有作用，但是，参考图往往更多的是用来表明外观设计产品的用途、使用方法或者场所，因此，修订后的专利审查指南在本节明确参考图的主要用途，以便申请人在提交申请时，提交足够的视图来清楚地显示要求专利保护的产品的外观设计。

色彩要求属于对图片或者照片的总体要求，因此，本次修订将所述内容前移。

2. 视图名称及其标注（第 4.2.1 节）

【修订内容】修订后的专利审查指南增加了同一产品相似外观设计申请的视图标注方式：“**对于同一产品的相似外观设计，应当在每个设计的视图名称前以阿拉伯数字顺序编号标注，并在编号前加‘设计’字样。例如，设计 1 主视图。**”增加了组件产品的定义和不同类型组件的视图标注方式：“**组件产品，是指由多个构件相结合构成的一件产品。分为无组装关系、组装关系唯一或者组装关系不唯一的组件产品。对于组装关系唯一的组件产品，应当提交组合状态的产品视图；对于无组装关系或者组装关系不唯一的组件产品，应当提交各构件的视图，并在每个构件的视图名称前以阿拉伯数字顺序编号标注，并在编号前加‘组件’字样。**”

【修订说明】由于修改后的专利法第三十一条第二款增加了“**同一产品两项以上的相似外观设计**”可以合案申请的制度，为了规范该类申请的视图标注方式，本次专利审查指南修订增加了相应的内容。

原审查指南第一部分第三章中“组件产品”的定义与第四部分第五章中“组件产品”的定义不一致，因此，本次修订将前后两部分的“组件产品”定义统一。在本节明确了，无论“组件产品”的各构件组装关系如何，组件产品都是作为一件产品而给予外观设计专利保护的。组件产品根据组装关系“分为无组装关系、组装关系唯一或者组装关系不唯一的组件产品”。按照组成组件产品的各构件是否可以单独申请外观设计专利来说，有的组件产品中的各构件具备单独申请的条件，例如由镜子、水龙头、洗脸盆以及柜子构成的浴室组合盥洗柜；有的组件产品中各构件则不具备单独申请的条件，例如扑克牌中的每张牌。“对于组装关系唯一的组件产品”，由于与单件产品没有区别，所以“应当提交组合状态的产品视图”。“对于无组装关系或者组装关系不唯一的组件产品”，由于存在多种组装可能性，因此“应当提交各构件的视图，并在每个构件的视图名称前以阿拉伯数字顺序编号标注，并在编号前加‘组件’字样”。

由于本节和第9.2节分别给出了组件产品和成套产品的定义，申请人根据相应内容很容易对组件产品和成套产品的视图进行标注，所以删除了原审查指南中“为了区别成套产品和组件产品，应当根据专利法实施细则第三十六条第二款的规定对视图名称进行标注。有关成套产品和组件产品的概念，参见专利审查指南第一部分第三章第6.2.1.2节”。

3. 关于视图尺寸

【修订内容】修订后的专利审查指南删除原审查指南第4.2.2节视图尺寸。

【修订说明】由于专利法实施细则删除了第二十七条第一款关于对图片或者照片的尺寸要求，所以修订后的专利审查指南作了适应性修改，删除了原审查指南第4.2.2节中的相应内容。

4. 关于照片的拍摄（第4.2.3节）

【修订内容】修订后的专利审查指南根据照片拍摄中的实际情况对原审查指南中有关照片的拍摄要求进行了修改。

修订后的专利审查指南对有关照片的拍摄要求做了更符合实际的细化：

“（1）照片应当清晰，避免因对焦等原因导致产品的外观设计无法清楚地显示。

(2) 照片背景应当单一，避免出现该外观设计产品以外的其他内容。产品和背景应有适当的明度差，以清楚地显示产品的外观设计。

(3) 照片的拍摄通常应当遵循正投影规则，避免因透视产生的变形影响产品的外观设计的表达。

(4) 照片应当避免因强光、反光、阴影、倒影等影响产品的外观设计的表达。

(5) 照片中的产品通常应当避免包含内装物或者衬托物，但对于必须依靠内装物或者衬托物才能清楚地显示产品的外观设计时，则允许保留内装物或者衬托物。”

【修订说明】原审查指南中关于图片绘制的规定为“照片应当使镜头正对产品的中心部位拍摄，照片应当背景单一，产品和背景有适当的明度差，并且应当避免强光、反光、阴影、倒影、衬托物。照片应当清晰地显示外观设计”，但是，实践中上述规定显得过分死板，有些产品，例如不锈钢制品，在拍摄中很难不出现反光，而且适当的反光也是其产品视觉效果的一部分；对于大型产品，例如汽车，有时不易对准中心部位拍摄，但是即使离中心部位稍有偏差，也不影响产品外观设计的表达；又如，对于无色透明塑料包装瓶，如果装入有色内装物后，能更准确地表现产品的设计。因此，基于上述实际情况，本次专利审查指南修订对照片的拍摄要求做了更符合实际的规定。

5. 关于色彩

【修订内容】将原审查指南第 4.2.5 节规定的以下内容：“色彩包括黑白灰系列和彩色系列。对于简要说明中声明‘请求保护的外观设计包含色彩’的，图片的颜色应当着色牢固、不易褪色”移入修订后的专利审查指南第一部分第三章第 4.2 节第一段。

6. 关于图片或者照片的缺陷（第4.2.4节）

【修订内容】修订后的专利审查指南将原审查指南“图片或者照片的形式缺陷”（原4.2.6节）与“图片或者照片的明显实质性缺陷”（原4.2.7节）合为一节，并规定：对于图片或者照片中存在缺陷的专利申请，审查员应当向申请人发出补正通知书或者审查意见通知书。本节的具体修订内容如下：

修订后的第（2）项改为“外观设计图片或者照片不清晰，图片或者照片中显示的产品图形尺寸过小；或者虽然图形清晰，但因存在强光、反光、阴影、倒影、**内装物**或者衬托物等而影响**产品**外观设计的正确表达”。修订后补充了“内装物”影响产品外观设计正确表达的照片视图缺陷。

删除了第（7）项“**提交的展开图、立体图等图面存在可补正的缺陷的**”。

由于删除了第（7）项，原第（10）项上升为第（9）项并将其改为“**组装关系唯一的组件产品缺少组合状态的视图；无组装关系或者组装关系不唯一的组件产品缺少必要的单个构件的视图**”。

【修订说明】

由于原专利法实施细则第二十七条第三款已上升到专利法第二十七条第二款，因此，针对“图片或者照片的缺陷”原则上不再区别是形式缺陷还是实质缺陷。审查员可以根据所审查案件的图片或者照片的具体情况，发出补正通知书或者审查意见通知书。但是，为了保持审查的延续性，对于可以通过修改而克服的图片或者照片的缺陷，例如图片线条不均匀等情形，建议还是发出补正通知书；对于不可以通过修改而克服的缺陷，例如，立体产品缺少必要的立体图，以往通常会依据外观设计的定义发出审查意见通知书，今后则可以直接依据专利法第二十七条第二款的规定，发出审查意见通知书。

删除了第（7）项，因为“展开图、立体图等”是否可以补正，需要考虑对所述缺陷的修改是否会导致不符合专利法第三十三条的规定，审查员需要根据具体情况加以判断，这一规定本身并不能给出明确的界限。

修订第（9）项［即原第（10）项］为“组装关系唯一的组件产品缺少组合状态的视图；无组装关系或者组装关系不唯一的组件产品缺少必要的单个构件的视图”。对于“**组装关系唯一的组件产品**”，特别是组成组件产品的各构件本身可以单独申请，且申请人清楚地显示了每个构件外观设计的情况下，例如，以前文提到的由镜子、水龙头、洗脸盆以及柜子构成的浴室组合盥洗柜为例，如果缺少组合状态的视图，就难以认定申请人是希望按照一件产品来保护，还是要求分别对每个构件予以保护，如果希望在一件申请中对每个构件（即镜子、水龙头、洗脸盆以及柜子）予以保护，那么，所述各构件由于不符合成套产品的要求，则必须分案，所以，在这种情况下，“**组合状态的视图**”就是必不可少的视图。对于“无组装关系或者组装关系不唯一的组件产品”，例如扑克牌或者插接玩具，如果将一副扑克牌的54张牌或者插接玩具的所有构件都放在一幅视图中提交，就无法清楚地显示单张扑克牌或者插接玩具的每个插接件的外观设计，以及所述的排列顺利是否是固定的，所以，在这种情况中，提交单张牌或者单个插接玩具的构件的视图就是非常必要的。

7. 关于图片或者照片的明显实质性缺陷

【修订内容】修订后的专利审查指南删除了原审查指南第4.2.7节的内容。

【修订说明】原审查指南中“图片或者照片的明显实质性缺陷”一节的内容实际上重复了根据专利法第五条、原专利法实施细则第二条第三款、专利法第三十一条第二款、专利法第三十三条以及原专利法第九条以及原专利法实施细则第十三条第一款的审查内容，由于修订后的专利审查指南第一部分第三章对于根据上述条款的审查都有明确的规定，所以不再重复规定，予以删除。

（四）关于简要说明（第 4.3 节）

【修订内容】根据专利法第五十九条第二款的规定，“外观设计专利权的保护范围以表示在图片或者照片中的该产品的外观设计为准，简要说明可以用于解释图片或者照片所表示的该产品的外观设计”，修订后的专利审查指南明确了简要说明的作用。根据专利法实施细则第二十八条的规定，修订后的专利审查指南明确了简要说明作为必要申请文件所应当写明的内容以及撰写方式。具体修订内容如下：

“专利法第五十九条第二款规定，外观设计专利权的保护范围以表示在图片或者照片中的该产品的外观设计为准，简要说明可以用于解释图片或者照片所表示的该产品的外观设计。

根据专利法实施细则第二十八条的规定，简要说明应当包括下列内容：

(1) 外观设计产品的名称。简要说明中的产品名称应当与请求书中的产品名称一致。

(2) 外观设计产品的用途。简要说明中应当写明有助于确定产品类别的用途。对于具有多种用途的产品，简要说明应当写明所述产品的多种用途。

(3) 外观设计的设计要点。设计要点是指与现有设计相区别的产品的形状、图案及其结合，或者色彩与形状、图案的结合，或者部位。对设计要点的描述应当简明扼要。

(4) 指定一幅最能表明设计要点的图片或者照片。指定的图片或者照片用于出版专利公报。

此外，下列情形应当在简要说明中写明：

(1) 请求保护色彩或者省略视图的情况。

如果外观设计专利申请请求保护色彩，应当在简要说明中

声明。

如果外观设计专利申请省略了视图，申请人通常应当写明省略视图的具体原因，例如因对称或者相同而省略；如果难以写明的，也可仅写明省略某视图，例如大型设备缺少仰视图，可以写为‘省略仰视图’。

(2) 对同一产品的多项相似外观设计提出一件外观设计专利申请的，应当在简要说明中指定其中一项作为基本设计。

(3) 对于花布、壁纸等平面产品，必要时应当描述平面产品中的单元图案两方连续或者四方连续等无限定边界的情况。

(4) 对于细长物品，必要时应当写明细长物品的长度采用省略画法。

(5) 如果产品的外观设计由透明材料或者具有特殊视觉效果的新材料制成，必要时应当在简要说明中写明。

(6) 如果外观设计产品属于成套产品，必要时应当写明各套件所对应的产品名称。

简要说明不得使用商业性宣传用语，也不能用来说明产品的性能和内部结构。”

【修订说明】

根据专利法第二十七条第一款及专利法实施细则第二十八条的规定，修订后的专利审查指南做了相应的修改。补充了简要说明的法律效力，即专利法第五十九条第二款的规定。

原审查指南中用列举的方式规定了简要说明中应当写明的内容，本次修订保留了其中大部分内容，删除了“产品的状态是变化的情况，例如折叠伞、活动玩具等”，产品的变化状态的情况，根据清楚表达产品外观设计的原则，申请人既可以在简要说明中写明，也可以通过视图来表示。还删除了“新开发的产品的所属领域、用途、使用方法或者使用场所”，“设计要点及其所在部位”，根据专利法实施细则第二十八条第一款的规定，产品的用途和设计要点已成为简要说明的必写内容，所以，无须再重复规定，予以删除。

申请人在提交申请时应当在简要说明中“指定一幅最能表明设计要点的图片或者照片”，所述的图片或者照片仅仅是为了满足专利法实施细则第九十九条专利公报的出版要求，并不用于确定外观设计专利权的保护范围。专利权人在授权后，可以得到专利单行本，而所述单行本也供社会公众免费查阅。

修订后的专利审查指南对简要说明中的“设计要点”的撰写方式没有强制性的规定，申请人可以以多种方式撰写，例如“设计要点在主视图”“设计要点在于本产品的图案”或者“设计要点在产品的上部”等等。其目的是要求申请人声明自己所提交产品外观设计与现有设计相区别之处。应当注意的是，对“设计要点”的指明，不能变成对设计本身的描述，不应与“用图片或者照片清楚地显示要求专利保护的产品的外观设计”的原则相违背。

此外，就“设计要点”的作用来说，还应当注意的是，修订后的专利审查指南第四部分第五章第6.1节规定，在无效阶段中，“**外观设计简要说明中设计要点所指设计并不必然对外观设计整体视觉效果具有显著影响，不必然导致涉案专利与现有设计相比具有明显区别。例如，对于汽车的外观设计，简要说明中指出其设计要点在于汽车底面，但汽车底面的设计对汽车的整体视觉效果并不具有显著影响**”。

至于在侵权程序中，根据2009年12月28日公布的《最高人民法院关于审理侵犯专利权纠纷案件应用法律若干问题的解释》第十一条规定，“人民法院认定外观设计是否相同或者近似时，应当根据授权外观设计、被诉侵权设计的设计特征，以外观设计的整体视觉效果进行综合判断”，“授权外观设计区别于现有设计的设计特征相对于授权外观设计的其他设计特征”“通常对外观设计的整体视觉效果更具有影响”，因此，设计要点在后续程序中的作用需要法院通过判例逐步确立。

产品用途也是简要说明的必写内容，对于多用途产品，应当写明所述产品的多种用途。

如果专利申请涉及同一产品的两项以上相似外观设计，简要说明中应当指定一项基本设计。指定基本设计的目的仅是比较合案申请的多项外观设计是否相似。

（五）要求优先权（第5.2节）

【修订内容】修订后的专利审查指南本节增加以下内容：**“根据专利法实施细则第三十一条第四款的规定，外观设计专利申请的申请人要求外国优先权，其在先申请未包括对外观设计的简要说明，申请人按照专利法实施细则第二十八条规定提交的简要说明未超出在先申请文件的图片或者照片表示的范围的，不影响其享有优先权。”**

【修订说明】由于简要说明是外观设计专利申请的必要申请文件，因此，要求优先权的外国申请进入中国时，应该含有简要说明，如果没有简要说明的，可以补交，只要补交的简要说明未超出在先申请文件的图片或者照片表示的范围的，便不影响其享有优先权。

五、根据专利法第五条第一款和第二十五条第一款第（六）项的审查（第6节）

【修订内容】将原审查指南第6节的“明显实质性缺陷的审查”改为本节内容。

【修订说明】原审查指南将根据专利法第五条、原专利法实施细则第二条第三款、专利法第九条的审查统一放在“明显实质性缺陷”一节，本次修订由于删除了形式缺陷与实质性缺陷的划分，因此，将上述相应部分独立成节。

（一）根据专利法第五条第一款的审查（第6.1节）

【修订内容】将专利法第五条改为专利法第五条第一款；将“违反法律”“违反社会公德”以及“妨害公共利益”分别成一小节即分别对应第6.1.1节、第6.1.2节、第6.1.3节，增加了相应的标题；将“**以中国国旗、国徽作为图案内容的外观设计，不能被授予专利权**”的例子从“违反法律”一节移入“妨害公共利益”一节；在“违反法律”一节中增加了“**带有人民币图案的床单的外观设计，因违反《中国人民银行法》，不能被授予专利权**”的例子。

【修订说明】修改后的专利法第五条增加了一款，原来的第五条变成了第五条的第一款，因此，修订后的专利审查指南做相应修改。

由于我国的《国旗法》和《国徽法》中没有禁止将国旗和国徽用于外观设计，所以，将“以中国国旗、国徽作为图案内容的外观设计，不能被授予专利权”的例子从“违反法律”一节移入“妨害公共利益”。由于《中国人民银行法》第十九条中规定“禁止在宣传品、出版物或者其他商品上非法使用人民币图样”，因此，在“违反法律”一节中增加了“带有人民币图案的床单的外观设计，因违反《中国人民银行法》，不能被授予专利权”的例子。

（二）根据专利法第二十五条第一款第（六）项的审查（第6.2节）

【修订内容】增加根据专利法第二十五条第一款第（六）项的审查标准。具体修订内容如下：

“专利法第二十五条第一款第（六）项规定，对平面印刷品的图案、色彩或者二者的结合作出的主要起标识作用的设计，不授予专利权。根据专利法实施细则第四十四条第一款第（三）

项的规定，在外观设计专利申请的初步审查中，应当对外观设计专利申请是否明显属于专利法第二十五条第一款第（六）项的情形进行审查。

如果一件外观设计专利申请同时满足下列三个条件，则认为所述申请属于专利法第二十五条第一款第（六）项规定的不授予专利权的情形：

（1）使用外观设计的产品属于平面印刷品；

（2）该外观设计是针对图案、色彩或者二者的结合而作出的；

（3）该外观设计主要起标识作用。

在依据上述规定对外观设计专利申请进行审查时，审查员首先根据申请的图片或者照片以及简要说明，审查使用外观设计的产品是否属于平面印刷品。其次，审查所述外观设计是否是针对图案、色彩或者二者的结合而作出的。由于不考虑形状要素，所以任何二维产品的外观设计均可认为是针对图案、色彩或者二者的结合而作出的。再次，审查所述外观设计对于所使用的产品来说是否主要起标识作用。主要起标识作用是指所述外观设计的主要用途在于使公众识别所涉及的产品、服务的来源等。

壁纸、纺织品不属于本条款规定的对象。”

【修订说明】专利法第二十五条第一款第（六）项规定，对平面印刷品的图案、色彩或者二者的结合作出的主要起标识作用的设计不给予专利保护。

在根据本条款进行审查时，要从该条款的三个构成条件来审查。首先要是平面的印刷品。相对于平面印刷品，立体产品例如包装盒等不属于平面产品，因此，立体产品不属于本条款排除的对象。其次，“**由于不考虑形状要素，所以任何二维产品的外观设计均可认为是针对图案、色彩或者二者的结合而作出的**”，主要是指对于平面印刷品，即使其外观设计包含了与众不同的形状

（例如对于瓶贴来说，瓶贴的形状是蝴蝶形或者心形，而非常规的长方形或者椭圆形），也认为所述设计“**是针对图案、色彩或者二者的结合而作出的**”。再次，判断所述设计是否“**主要起标识作用**”。“主要起标识作用”是指主要使消费者识别被装入的商品或者被附着的产品的来源或者生产者。如果针对图案、色彩或者二者结合所作出的设计具有装饰性，则不属于“主要起标识作用”，例如不包括墙纸、纺织品、摩托车贴花等。

对于平面产品，以下列图 1～4 为例：四个视图所表示的外观设计都属于平面印刷品（即符合条件 1），其中显示的外观设计也是针对图案、色彩而作出的（即符合条件 2），但是图 1～2 的外观设计虽然具有使消费者识别被装入的商品或者被附着的产品的来源或者生产者的作用，但是，所述外观设计包含了以色彩构成的爆炸形图案设计，具有明显的装饰作用，因此，图 1～2 所显示的产品的外观设计不应认为是“主要起标识作用”的，可以被授予专利权。图 3～4 所显示的外观设计虽然是平面产品的，但是其中的图案仅具有使消费者识别被装入的商品或者被附

图 1　标贴

图 2　包装袋

图 3　标贴

图 4　标贴

着的产品的来源或者生产者的作用，而没有任何装饰性作用，所以，不能被授予专利权。

需要注意的是，对于瓶贴等平面印刷品，如果申请人将所述瓶贴贴在瓶子等立体产品上，作为一个组合产品整体提交，这种情况，不适用专利法第二十五条第一款第（六）项的规定。

六、根据专利法第二条第四款的审查（第7节）

（一）关于外观设计的定义

【修订内容】修订后的专利审查指南增加了“**富有美感**”的定义，“**富有美感，是指在判断是否属于外观设计专利权的保护客体时，关注的是产品的外观给人的视觉感受，而不是产品的功能特性或者技术效果**”。

【修订说明】原审查指南中没有对外观设计定义中的“富有美感”予以解释，本次修订根据《第三次专利法修改导读》的内容，增加了该定义，目的在于强调外观设计专利关注视觉效果，从而与发明和实用新型专利关注技术效果和功能特性相区别。

（二）关于不授予外观设计专利权的情形（第7.4节）

【修订内容】

修订后的专利审查指南将原审查指南此节第（3）项“产品的不能分割、不能单独出售或者使用的局部或部分设计，例如袜跟、帽檐、杯把、棋子等”改为“产品的不能分割**或者**不能单独出售**且不能单独使用的**局部设计，例如袜跟、帽檐、杯把等”。

修订后的专利审查指南将原审查指南此节第（4）项“对于由多个不同特定形状或图案的构件组成的产品，如果构件本身不能成为具有独立使用价值的产品，则该构件不属于外观设计专利保护的客体。例如，对于一组由不同形状的插接块组成的拼图玩具，只有将所有插接块共同作为一项外观设计申请时，才属于外观设计专利保护的客体”**改为“对于由多个不同特定形状或者图案的构件组成的产品，如果构件本身不能单独出售且不能单独使用，则该构件不属于外观设计专利保护的客体。例如，一组由不同形状的插接块组成的拼图玩具，只有将所有插接块共同作为一项外观设计申请时，才属于外观设计专利保护的客体**”。

修订后的专利审查指南将原审查指南第（7）项“以自然物原有形状、图案、色彩作为主体的设计”改为“以自然物原有形状、图案、色彩作为主体的设计，**通常指两种情形，一种是自然物本身；一种是自然物仿真设计**”。

修订后的专利审查指南将原审查指南第（8）项“纯属美术范畴的作品”改为“**纯属美术、书法、摄影范畴的作品**”。

【修订说明】

第（3）项中作为产品的部分或者局部，通常与一件产品本身不能分割，或者既不能单独出售，也不能单独使用，“**产品的不能分割或者不能单独出售且不能单独使用的局部设计**”不属于专利法第二条第四款定义的产品。另外，从本项中删除了“棋子”的举例，“棋子”这一例子应当归入本节第（4）项。

第（4）项中原意是想说明插接玩具或者扑克牌这类产品应当按照组件产品来申请保护，而原审查指南中所使用的“独立使用价值”的概念与成套产品定义中的“独立使用价值”无法区分，所以，将此处的没有“独立使用价值”改为“不能单独出售且不能单独使用”。

第（7）项补充说明“以自然物原有形状、图案、色彩作为主体的设计”，通常所指的两种情形，“一种是自然物本身；一种是自然物仿真设计”。

将第（8）项由于书法、摄影作品的原作通常具有唯一性，能够通过版权法给予保护，不属于工业产品的范畴，因此，不作为外观设计专利保护的对象。

七、根据专利法第二十三条第一款的审查（第8节）

【修订内容】修订后的专利审查指南增加根据专利法第二十三条第一款的审查，具体修订内容如下：

“在外观设计专利申请的初步审查中，通常不进行检索，审查员仅需要根据申请文件的内容及一般消费者的常识，判断所要求保护的外观设计专利申请是否明显不符合专利法第二十三条第一款的规定。

但是，审查员可以根据未经其检索获得的有关现有设计或抵触申请的信息判断外观设计是否明显不符合专利法第二十三条第一款的规定。

外观设计涉及非正常申请的，例如明显抄袭现有设计或者属于内容明显实质相同的专利申请，审查员应当根据检索获得的对比文件或者其他途径获得的信息判断外观设计是否明显不符合专利法第二十三条第一款的规定。

相同或者实质相同的审查参照本指南第四部分第五章的相关规定。”

【修订说明】

专利法实施细则第四十四条第一款第（三）项规定，在初步审查程序中，应当审查明显不符合专利法第二十三条第一款的外观设计申请。外观设计专利申请初步审查中，审查员并不主动进行检索，一般认为明显不符合专利法第二十三条第一款的情形主要有：审查员可以根据未经其检索获得的有关现有设计或抵触申请的信息、明显抄袭现有设计或者属于内容明显实质相同的专利申请。

八、根据专利法第三十一条第二款的审查（第9节）

【修订内容】修订后的专利审查指南增加了**“同一产品的两项以上的相似外观设计”**合案申请的审查标准；根据专利法实施细则修订了成套产品的审查标准。

【修订说明】

修改后的专利法增加了“同一产品两项以上的相似外观设计”合案申请，将允许合案申请的成套产品从同一小类扩展到了同一大类，因此，专利审查指南作了相应修改。

（一）同一产品两项以上的相似外观设计（第9.1节）

【修订内容】修订后的专利审查指南本节增加如下内容：

“根据专利法第三十一条第二款的规定，同一产品两项以上的相似外观设计可以作为一件申请提出。

一件外观设计专利申请中的相似外观设计不得超过10项。超过10项的，审查员应发出审查意见通知书，申请人修改后未克服缺陷的，驳回该专利申请。”

第9.1.1节增加了“同一产品”的定义：**“根据专利法第三十一条第二款的规定，一件申请中的各项外观设计应当为同一产品的外观设计，例如，均为餐用盘的外观设计。如果各项外观设计分别为餐用盘、碟、杯、碗的外观设计，虽然各产品同属于国际外观设计分类表中的同一大类，但并不属于同一产品。”**

第9.1.2节增加了“相似外观设计”的判断原则：**“根据专利法实施细则第三十五条第一款的规定，同一产品的其他外观设计应当与简要说明中指定的基本外观设计相似。**

判断相似外观设计时，应当将其他外观设计与基本外观设计单独进行对比。

初步审查时，对涉及相似外观设计的申请，应当审查其是否明显不符合专利法第三十一条第二款的规定。一般情况下，经整

体观察，如果其他外观设计和基本外观设计具有相同或者相似的设计特征，并且二者之间的区别点在于局部细微变化、该类产品的惯常设计、设计单元重复排列或者仅色彩要素的变化等情形，则通常认为二者属于相似的外观设计。”

【修订说明】在原专利法及其实施细则的法律框架下，专利法第三十一条第二款规定，“一件外观设计专利申请应当限于一种产品所使用的一项外观设计”。也就是说，原则上，一件外观设计专利申请中，只能包含一项外观设计。根据修改前的专利法实施细则第十三条第一款规定“同样的发明创造只能被授予一项专利”。由于原审查指南将“同样的外观设计”定义为“相同或相近似的外观设计”，因此，针对同一产品所使用的相近似外观设计，如果作为一件申请提交，则不符合专利法第三十一条第二款的规定；如果分别提交，则在无效宣告程序中，一旦被认定为属于“同样的外观设计”，则专利权人只能保留一项专利，同一产品所使用的其余的相似外观设计将被宣告无效。

另外，我们通过问卷调查和企业调研发现，在工业设计实践中，设计者或者企业通常会就同一产品设计出多个相似的设计；从外观设计专利保护的角度来说，如果一种产品仅提交一项外观设计，那么所形成的权利保护范围只是针对所述一项外观设计形成的保护范围；如果同时提交多个相似外观设计，这些相似的外观设计本身形成一个保护圈，在此基础上形成的专利保护范围显然比一项专利所形成的保护范围大。因此，为了解决专利实践中的这一问题，并增强外观设计专利的保护力度，修改后的专利法增加了相似外观设计的合案申请制度。

本次修订的专利审查指南第四部分第五章将“同样的外观设计”定义为“相同或者实质相同”的外观设计。在原审查指南的修改过程中，我们认为确定允许合案申请的条件有两种方式：一种是按照无效程序中同样外观设计实质相同的判断标准，即找不同外观设计之间的差异。这种方式比较严格（但是，产生的问题是如果初审审查员认为是非实质相同的外观设计，则会要求申请人分案，授权后，在无效程序中，复审委对于“实质相同”的认定可能与初审的不同，那么就可能被认定为“同样的外观设计”，因此，被认定无效）。另一种是采用较宽松的标准，将“相似外观设计”的定义扩展到专利法第二十三条第二款规定的部分情况，即找出不同外观设计之间的相同或者相似设计特征，同时其他外观设计和基本外观设计之间的区别点“通常在于局部细微变化、该类产品的惯常设计、设计单元重复排列或者仅色彩要素的变化等情形”。这种方式，虽然会使部分无效程序中可能属于非“同样外观设计”的外观设计合案申请，但是，却可以避免一旦发生纠纷，分案提交的“同样外观设计”专利可能被宣告无效的风险。权衡利弊，本次修订专利审查指南时，采用了第二种方式，尽管允许合案提交的相似外观设计的范围要宽于“同样外观设计”的范围，但是申请人不应为了节省费用，将完全不同的外观设计合案申请。

在本次修订的专利审查指南的框架下，应该首先判断合案申请的外观设计是否是“同一产品”，此处“同一产品”原则上指的是相同种类的产品。

（二）关于成套产品（第9.2节、第9.3节）

【修订内容】专利审查指南修订了成套产品的定义；从本节中删除了组件产品的定义；删除了属于同一大类而不属于同一小类的举例；增加了“**成套产品中不应包含相似外观设计**”的规定：“**成套产品外观设计专利申请中不应包含某一件或者几件产品的相似外观设计。例如，一项包含餐用杯和碟的成套产品外观设计专利申请中，不应再包括所述杯和碟的两项以上的相似外观设计。**

对不符合上述规定的申请，审查员应当发出审查意见通知书

要求申请人修改”；补充了合案申请的相似外观设计，其中每项均应符合授权条件的规定。

【修订说明】修订后的专利审查指南将成套产品的定义改为“成套产品是指由两件以上（含两件）属于同一大类、各自独立的产品组成，各产品的设计构思相同，其中每一件产品具有独立的使用价值，而各件产品组合在一起又能体现出其组合使用价值的产品，例如由咖啡杯、咖啡壶、牛奶壶和糖罐组成的咖啡器具”。该定义充分体现了专利法实施细则第三十五条第二款有关成套产品可以合案申请的规定，并将该定义移至本节开头，突出其重要性。因此，删除了原审查指南中属于同一大类而不属于同一小类的举例。由于组件产品的定义已移入第一部分第三章第4.2节，所以，删除了原审查指南本节中有关组件产品的定义。

另外，从体例上，本小节将“同一类别”“成套出售或者使用”与“各产品的设计构思相同”并列，以便更准确地体现专利法及其实施细则有关成套产品的定义。

修订后的专利审查指南还对构成成套产品的各产品必须分别具备授权条件的规定进行了补充：“**需要注意的是，无论是涉及同一产品的两项以上的相似外观设计，还是成套产品的外观设计专利申请，其中的每一项外观设计或者每件产品的外观设计除了应满足上述合案申请的相关规定外，还应当分别具备其他授权条件；如果其中的一项外观设计或者一件产品的外观设计不具备授权条件，则应当删除该项外观设计或者该件产品的外观设计，否则该专利申请不能被授予专利权。**”

由于允许合案申请的成套产品不限制所含产品的个数，因此，如果每个产品再涉及若干相似外观设计，将会使合案申请的外观设计数量难以控制，所以，专利审查指南明确规定“成套产品外观设计专利申请中不应包含某一件或者几件产品的相似外观设计”。值得注意的是，如果涉及成套产品的申请中已经包含了一件或者几件产品的相似外观设计，分案时，应当按照相似外观设计进行分类，否则，不同套的成套产品之间，仍有可能构成“同样的外观设计”。

由于原审查指南已经规定“构成成套产品的各产品必须分别具备授权条件”，所以，该规定也适用于相似外观设计。

九、关于根据专利法第三十三条的审查（第10节）

（一）判断原则（第10节）

【修订内容】修订后的专利审查指南补充了修改超范围的判断原则：“**在判断申请人对其外观设计专利申请文件的修改是否超出原图片或者照片表示的范围时，如果修改后的内容在原图片或者照片中已有表示，或者可以直接地、毫无疑义地确定，则认为所述修改符合专利法第三十三条的规定。**”

【修订说明】原审查指南所规定的“修改超出原图片或者照片表示的范围，是指修改后的外观设计与原始申请文件中表示的相应的外观设计相比，属于不相同的设计”的判断原则，过于严格，所以本次修订将所述判断原则做了适当的调整。

（二）关于针对通知书指出的缺陷进行修改（第10.2节）

【修订内容】修订后的专利审查指南规定：“对于针对通知书指出的缺陷进行的修改，审查员应当审查该修改是否超出原图片或者照片表示的范围以及是否是针对通知书指出的缺陷进行的修改。**对于申请人提交的包含有并非针对通知书所指出的缺陷进行修改的修改文件，如果其修改符合专利法第三十三条的规定，并消除了原申请文件存在的缺陷，且具有授权的前景，则该修改可以被视为是针对通知书指出的缺陷进行的修改，经此修改的申请文件应当予以接受。**申请人提交的修改文件超出了原图片或者照片表示的范围的，审查员应当发出审查意见通知书，通知申请人该修改不符合专利法第三十三条的规定，申请人陈述意见或补正后仍然不符合规定的，审查员可以根据专利法第三十三条和专利法实施细则第四十四条第二款的规定作出驳回决定。”

【修订说明】原审查指南针对通知书指出的缺陷所进行的修改的规定过于严格，审查过程中，申请人所进行的修改有时对于授权更加有利，因此，本次修订增加了“对于申请人提交的包含有并非针对通知书所指出的缺陷进行修改的修改文件，如果其修改符合专利法第三十三条的规定，并消除了原申请文件存在的缺陷，且具有授权的前景，则该修改可以被视为是针对通知书指出的缺陷进行的修改，经此修改的申请文件应当予以接受”的规定。

（三）关于审查员依职权修改（第10.3节）

【修订内容】修订后的专利审查指南增加了“**申请人在简要说明中指定的最能表明设计要点的图片或者照片明显不恰当**”和“**请求书中，申请人地址或联系人地址漏写、错写或者重复填写的省（自治区、直辖市）、市、邮政编码等信息**”两种可以依职权修改的情形。删除了以下依职权修改情形“外观设计图片或者照片表格使用方向错误”及“对外观设计的图片或者照片以外内容的描述”。

【修订说明】依职权修改的内容都是对确定专利保护范围没有影响，且可以加快审查过程的内容。由于实践中很少出现“外观设计图片或者照片表格使用方向错误”的情形，所以，本次修订删除了对此项内容的依职权修改。“对外观设计的图片或者照片以外内容的描述”通常就是产品的内部结构、功能或者技术效果等，如果指内部结构或者技术效果，那么在原审查指南本段中已有规定；如果是指功能，则有时功能与用途很难区分，审查员作依职权修改就不太妥当，所以，本次修订删除了“对外观设计的图片或者照片以外内容的描述”依职权修改情形。

十、关于根据专利法第九条的审查（第11节）

【修订内容】修订后的专利审查指南增加了专利法第九条的内容：“**专利法第九条第一款规定，同样的发明创造只能授予一项专利权。专利法第九条第二款规定，两个以上的申请人分别就同样的发明创造申请专利的，专利权授予最先申请的人。**”另外，根据审查指南第四部分第五章的内容对第一部分第三章“同样的外观设计”的审查标准作适应性修改。

【修订说明】原专利法实施细则第十三条第一款已上升为专利法第九条第一款，所以本节标题作了相应的修改。另外，专利审查指南第四部分第五章已经将“同样的外观设计”定义为“相同或实质相同的外观设计”，因此，本节的审查标准与之作一致性修改。

十一、关于外观设计分类（第12节）

【修订内容】修订后的专利审查指南增加了外观设计分类的目的、分类方法、分类过程中的补正；修订了分类的依据、单一用途产品的分类、多用途产品的分类。

【修订说明】根据分类实践，完善了外观设计分类。

（一）关于分类审查的目的

【修订内容】修订后的专利审查指南增加了外观设计分类所使用的分类表以及分类审查的目的：“**专利局采用国际外观设计分类法（即洛迦诺分类法）对外观设计专利申请进行分类，以最新公布的《国际外观设计分类表》中文译本为工作文本。**

外观设计分类的目的是：（1）确定外观设计产品的类别属性；（2）对外观设计专利进行归类管理；（3）便于对外观设计专利进行检索查询；（4）按照分类号顺序编排和公告外观设计专利文本。

外观设计分类是针对使用该外观设计的产品进行的，分类号由‘LOC’、‘（版本号）’、‘Cl.’、‘大类号－小类号’组合而成（以下所述分类号是指‘大类号－小类号’），例如 LOC（9）Cl. 06－04。多个分类号的，各分类号之间用分号分隔，例如：LOC（9）Cl. 06－04；23－02。”

【修订说明】明确了外观设计分类所使用的分类体系和分类目的以及分类号的表示方式。

（二）关于分类的依据（第12.1节）

【修订内容】修订后的专利审查指南增加了外观设计分类的依据，“**外观设计分类以外观设计的产品名称、图片或者照片以及简要说明中记载的产品用途为依据**”。

【修订说明】由于专利法第二十七条第一款以及专利法实施细则第四十七条已不再要求申请人在请求书中写明产品的分类号，而根据专利法第二十七条第二款，简要说明成为必要申请文件，因此，在以往根据产品名称和图片或者照片及简要说明中所写明的“所属领域、用途、使用方法或使用场所”确定外观设计产品分类的基础上，明确了外观设计的产品名称、图片或者照片以及简要说明中记载的产品用途是外观设计分类的依据。

（三）关于分类的方法（第12.2节）

【修订内容】修订后的专利审查指南在本节增加了“对于产品的零部件以及因时代的发展衍生出新用途的产品应如何分类”的相关规定：“**对于产品的零部件，有专属类别的，应当将该零部件分入其专属的类别，例如汽车的轮胎，应分入12－15类；没有专属类别的，且通常不应用于其他产品的，应当将该零部件分入其上位产品所属的类别，例如打火机的打火轮，应分入27－05类。确定产品的零部件是否具有专属的类别，并不限于与分类表中的具体产品项一一对应，例如验钞机的外壳，应分入**

10－07 类。”“对于因时代的发展衍生出新用途的产品，一般仍应当保持其传统用途的所属类别。例如灯笼，其已逐渐从以往单纯的照明设备演变为装饰用品，仍应将其分入 26 大类照明设备中。”

【修订说明】本节明确了对于产品的零部件以及因时代的发展衍生出新用途的产品应如何分类，从而保持分类在时间上的一致性。

（四）关于分类号的确定（第 12.3 节）

【修订内容】修订后的专利审查指南在本节增加了同一产品的多项外观设计以及包含多件产品的外观设计的分类方式。对于单一用途的产品分类，增加了“**（1）外观设计专利申请中包含同一产品的多项外观设计，且用途单一的，应当给出一个分类号**”；“**（3）外观设计专利申请中包含多件产品的外观设计，且用途相同、单一的，应当给出一个分类号。例如，一项外观设计专利申请中包含枕套、床单和被罩三件产品，均属于床上用品，分类号为 06－13 类**”。

对于多用途产品的分类，增加了“**（1）外观设计专利申请中仅包含一件产品的外观设计，且该产品为两个或两个以上不同用途的产品的组合体，应当给出与其用途对应的多个分类号，但家具组合体除外。例如，带有温度计的相框，具有测量温度和放置照片两种用途，分类号为 06－07 和 10－04。又如，连体桌椅，属于家具组合体，分类号为 06－05。（2）外观设计专利申请中包含同一产品的多项外观设计，且该产品为两个或两个以上不同用途的产品的组合体，应当给出与其用途对应的多个分类号。（3）外观设计专利申请中包含多件产品的外观设计，且各单件产品具有不同的用途，应当给出与其用途对应的多个分类号。例如，一件外观设计专利申请中包含碗和勺子两件产品，分类号为 07－01 和 07－03**”。

【修订说明】对单一用途产品和多用途产品的分类进行了细化。

（五）关于分类补正通知书（第12.3.3节）

【修订内容】修订后的专利审查指南增加了分类过程中补正通知书的效力。增加的内容具体为：

“根据专利法实施细则第二十八条的规定，简要说明中应当写明外观设计产品的用途。

外观设计分类过程中出现以下情形的，应当发出补正通知书：

（1）外观设计的产品名称、图片或者照片不能确定产品的用途，且简要说明中未写明产品用途或所写的产品用途不确切；

（2）外观设计的产品名称、图片或者照片所确定的产品用途与简要说明中记载的产品用途明显不一致。

申请人应当在收到补正通知书后两个月内答复，提交外观设计简要说明的替换页。期满未答复的，该申请将视为撤回。”

【修订说明】为能够尽量确定准确的分类号，专利审查指南保留了原审查指南中关于发出补正通知书的规定，但将答复补正通知书的期限延长到两个月，并明确规定了“期满未答复的，该申请将视为撤回”。

第二部分

实质审查

第一章　不授予专利权的申请

专利审查指南第二部分第一章主要新增了专利法第五条第二款及专利法实施细则第二十六条第一款的内容并定义了其中所涉及的相关术语，同时对引言部分作了适应性修改。

【修订内容】修订后的专利审查指南新增的第 3.2 节规定："**根据专利法第五条第二款的规定，对违反法律、行政法规的规定获取或者利用遗传资源，并依赖该遗传资源完成的发明创造，不授予专利权。**

根据专利法实施细则第二十六条第一款的规定，专利法所称遗传资源，是指取自人体、动物、植物或者微生物等含有遗传功能单位并具有实际或者潜在价值的材料；专利法所称依赖遗传资源完成的发明创造，是指利用了遗传资源的遗传功能完成的发明创造。

在上述规定中，遗传功能是指生物体通过繁殖将性状或者特征代代相传或者使整个生物体得以复制的能力。

遗传功能单位是指生物体的基因或者具有遗传功能的 DNA 或者 RNA 片段。

取自人体、动物、植物或者微生物等含有遗传功能单位的材料，是指遗传功能单位的载体，既包括整个生物体，也包括生物体的某些部分，例如器官、组织、血液、体液、细胞、基因组、基因、DNA 或者 RNA 片段等。

发明创造利用了遗传资源的遗传功能是指对遗传功能单位进行分离、分析、处理等，以完成发明创造，实现其遗传资源的

价值。

违反法律、行政法规的规定获取或者利用遗传资源，是指遗传资源的获取或者利用未按照我国有关法律、行政法规的规定事先获得有关行政管理部门的批准或者相关权利人的许可。例如，按照《中华人民共和国畜牧法》和《中华人民共和国畜禽遗传资源进出境和对外合作研究利用审批办法》的规定，向境外输出列入中国畜禽遗传资源保护名录的畜禽遗传资源应当办理相关审批手续，某发明创造的完成依赖于中国向境外出口的列入中国畜禽遗传资源保护名录的某畜禽遗传资源，未办理审批手续的，该发明创造不能被授予专利权。”

【修订说明】新增本节内容，目的是落实专利法第五条第二款的规定，而对相关术语的含义进行了解释。专利法第五条第二款既是驳回条款，也是无效条款。为了确保该条款在审查实践中的可操作性，必须明确其中所涉及的“遗传资源”“依赖遗传资源完成的发明创造”“违反法律、行政法规的规定获取或者利用遗传资源”的含义。专利法实施细则第二十六条第一款虽然对“遗传资源”及“依赖遗传资源完成的发明创造”进行了解释，但在解释过程中所使用的“遗传功能单位”“取自人体、动物、植物或者微生物等含有遗传功能单位的材料”“利用了遗传资源的遗传功能完成的发明创造”等术语的含义仍需要进一步予以明确。

专利法实施细则第二十六条第一款对专利法第五条第二款中所涉及术语进行了解释，本节对专利法及其实施细则上述条款中涉及的术语进行了进一步的说明，详细规定了“遗传功能”“遗传功能单位”“取自人体、动物、植物或者微生物的含有遗传功能单位的材料”“发明创造利用了遗传资源的遗传功能”以及“违反法律、行政法规的规定获取或者利用遗传资源”的含义。本节通过对上述术语含义的解释清楚地界定了“依赖遗传资源完成的发明创造”的范围，即从遗传资源中分离出遗传功能单位并加以分析、处理以完成的发明创造，实现遗传资源的价值的属于“依赖于遗传资源完成的发明创造”。根据上述定义进行判断，从某种野生大豆中提取木糖醇而完成的发明创造则不属于“依赖于遗传资源完成的发明创造”，原因在于该发明创造虽然使用了可被称之为遗传资源的材料，但却并未利用其遗传功能，实现的也不是野生大豆遗传资源的价值。

另外，修订后的专利审查指南在本节还通过示例的形式对属于“违反法律、行政法规的规定获取或者利用遗传资源”的情形进行了说明。

第二章　说明书和权利要求书

专利审查指南第二部分第二章的修订主要涉及以下两个方面的内容：第一，修订了根据专利法第二十六条第四款对于权利要求书应当满足的要求的有关规定；第二，规范了核苷酸或者氨基酸序列表的提交方式。

一、关于引言（第1节）

【修订内容】原审查指南规定："权利要求书应当以说明书为依据，清楚并简要地表述请求保护的范围。"

修订后的专利审查指南规定："权利要求书应当以说明书为依据，**清楚、简要地限定要求专利保护的范围**。"

【修订说明】这是根据专利法第二十六条第四款的规定作出的适应性修改，将相应内容修改为与专利法中的表述相一致，从而能够全面、准确地反映对权利要求的实质性要求。

二、关于说明书应当满足的要求（第2节）

（一）关于说明书完整（2.1.2节）

【修订内容】将本节第（3）项第2段中所涉及的"偏见"均修改为"技术偏见"。修改后的具体内容为："对于克服了**技术偏见**的发明或者实用新型，说明书中还应当解释为什么说该发明或者实用新型克服了**技术偏见**，新的技术方案与**技术偏见**之间的差别以及为克服**技术偏见**所采用的技术手段。"

【修订说明】发明或者实用新型专利申请一般都是针对所属

领域现有技术存在的技术问题而提出解决该技术问题的技术方案，因此原审查指南此处所述的“偏见”是指“技术偏见”，修订后的专利审查指南对此予以进一步明确。

（二）关于说明书的撰写方式和顺序（第2.2节）

【修订内容】修订后的专利审查指南在本节最后一段中对提交核苷酸或者氨基酸序列表的要求进行了修改。具体修改内容如下：删除“应作为说明书的一个单独部分而提出，与说明书连续编写页码，并按照专利局的要求提交该序列表的计算机可读形式的副本”的提交方式，并以援引的方式规定了“**有关序列表的提交参见本指南第一部分第一章第4.2节**”。

【修订说明】修订后的专利审查指南删除序列表提交方式的原因在于，在修订后的专利审查指南第一部分第一章第4.2节关于对涉及核苷酸或者氨基酸序列的发明专利申请的形式审查中，对序列表的编写页码的方式和提交方式已参照专利合作条约的规定作出了具体详细的规定，在此无须重复规定。

三、关于权利要求书的撰写要求（第3节、第3.2节）

【修订内容】这是根据修改后的专利法第二十六条第四款的规定，对第3节和第3.2节作适应性修改。

第3节的修改内容为：“权利要求书应当以说明书为依据，**清楚、简要地限定要求专利保护的范围。**”

“权利要求书应当记载发明或者实用新型的技术特征，……”

第3.2节的修改内容为：“专利法第二十六条第四款规定，权利要求书应当以说明书为依据，**清楚、简要地限定要求专利保护的范围。专利法实施细则第十九条第一款规定，权利要求书应当记载发明或者实用新型的技术特征。**”

【修订说明】修改后的专利法实施细则第二十条第一款关于

权利要求应清楚、简要地限定要求专利保护范围的规定被并入专利法第二十六条第四款中，关于权利要求书应当记载发明或者实用新型的技术特征的规定被作为专利法实施细则第十九条第一款。根据上述修改，修订后的专利审查指南本章第3节和第3.2节分别作出适应性修改。

第三章　新　颖　性

专利审查指南第二部分第三章的修订主要包括两个方面的内容：第一，与新颖性相关的内容；第二，有关对同样发明创造处理的方式。

一、关于新颖性的概念（第2节）

（一）关于新颖性概念的修改（第2节）

【修订内容】修订后的专利审查指南修改了新颖性的定义。

原审查指南规定："新颖性，是指在申请日以前没有同样的发明或者实用新型在国内外出版物上公开发表过、在国内公开使用过或者以其他方式为公众所知，也没有同样的发明或者实用新型由他人向专利局提出过申请并且记载在申请日以后（含申请日）公布的专利申请文件中。"

修订后的专利审查指南规定："**新颖性，是指该发明或者实用新型不属于现有技术；也没有任何单位或者个人就同样的发明或者实用新型在申请日以前向专利局提出过申请，并记载在申请日以后（含申请日）公布的专利申请文件或者公告的专利文件中。**"

【修订说明】根据专利法第二十二条第二款的规定，本节对发明和实用新型新颖性的定义作出了适应性修改。在该条款中明确了现有技术是判断新颖性的依据，专利法第二十二条第五款规定了现有技术的定义，取消了使用公开或者以其他方式为公众所知的地域性限制；同时在新颖性概念中修改了构成抵触申请的条件，即将申请人本人在先申请、在后公布或者公告的发明或者实用新型专利申请也纳入抵触申请的范畴，并明确此类申请可用于评价发明或者实用新型专利申请的新颖性。

（二）关于现有技术的概念（第2.1节）

【修订内容】专利法第二十二条第五款对现有技术作出了明确规定，因此在本节对现有技术的概念进行了适应性修改。

原审查指南规定："根据专利法实施细则第三十条的规定，现有技术是指申请日（有优先权的，指优先权日）前在国内外出版物上公开发表、在国内公开使用或者以其他方式为公众所知的技术。现有技术也称已有的技术。"

修订后的专利审查指南规定："**根据专利法第二十二条第五款的规定，现有技术是指申请日以前在国内外为公众所知的技术。现有技术包括在申请日（有优先权的，指优先权日）以前在国内外出版物上公开发表、在国内外公开使用或者以其他方式为公众所知的技术**。"

同时删除本节最后一段与之相抵触的内容，即"现有技术与时间、地域和公开方式有关，以下分别予以说明"。

【修订说明】根据专利法第二十二条第五款的规定，本节对现有技术的定义作出了适应性修改。修改后的现有技术的定义，拓宽了使用公开或者以其他方式为公众所知的现有技术的地域范围，即由"国内"扩展至"国内外"。

（三）关于现有技术的地域界限（第2.1.2节）

【修订内容】修订后的专利审查指南删除原审查指南第2.1.2节关于"地域界限"的整节内容，并将原审查指南第2.1.3节关于"公开方式"修改为第2.1.2节，修改后第2.1.2节对于现有技术的三种公开方式增加"**均无地域限制**"的规定。

【修订说明】根据专利法第二十二条第五款的规定，以及根据专利审查指南第二部分第三章第2.1节现有技术的概念而作出适应性修改，对三种公开方式均无地域限制加以强调。

（四）关于抵触申请（第2.2节）

【修订内容】原审查指南中抵触申请的定义为："由他人在该申请的申请日以前向专利局提出并且在申请日以后（含申请日）公布的同样的发明或者实用新型专利申请，损害该申请日提出的专利申请的新颖性。"

修订后的专利审查指南规定："由**任何单位或者个人**就同样的发明或者实用新型在申请日以前向专利局提出并且在申请日以后（含申请日）公布的专利申请文件或者公告的专利文件损害该申请日提出的专利申请的新颖性。"

【修订说明】根据专利法第二十二条第二款新颖性的定义而作出适应性修改，申请人本人的发明或者实用新型文件也可以构成自己的在后专利申请的抵触申请，扩大了抵触申请的范围。

二、关于不丧失新颖性的宽限期（第5节）

【修订内容】专利审查指南删除本节最后一段下面内容："根据专利法第二十二条第二款的规定，在外国举办的展览会上展出的展品不构成现有技术，在外国举办的展览会上发行的出版物构成现有技术，但是在中国政府承认的在国外举办的国际展览会上发行的介绍展品的出版物所公开的发明创造可以享受专利法第二十四条规定的宽限期。"

【修订说明】由于专利法第二十二条第五款将现有技术的定义修改为"申请日以前在国内外为公众所知的技术"，根据此定义，在国外公开使用或者以其他方式为公众所知的技术内容构成现有技术，取消了对不同类型的现有技术规定不同地域范围的限制，因此删除该段关于是否构成现有技术认定的内容。该段中关于"在中国政府承认的在国外举办的国际展览会上发行的介绍展品的出版物所公开的发明创造可以享受专利法第二十四条规定的宽限期”的内容已包含在本节第（1）项的情形中，因此此处予以删除。

三、关于对同样的发明创造的处理（第6节）

【修订内容】

（1）对于同样的发明创造的处理仅保留了针对申请日相同的专利申请处理的情形，对于申请日不同的专利申请处理的情形予以删除。

（2）在第6.2.2节关于对一件专利申请和一项专利权的处理中，增加对于一种例外情况的处理规定：“**但是，对于同一申请人同日（仅指申请日）对同样的发明创造既申请实用新型又申请发明专利的，在先获得的实用新型专利权尚未终止，并且申请人在申请时分别作出说明的，除通过修改发明专利申请外，还可以通过放弃实用新型专利权避免重复授权。因此，在对上述发明专利申请进行审查的过程中，如果该发明专利申请符合授予专利权的其他条件，应当通知申请人进行选择或者修改，……**”

（3）将原审查指南第6.2.2节关于对一件专利申请和一项专利权的处理的规定：“对于同一申请人同日（指申请日，有优先权的指优先权日）就同样的发明创造提出的另一件专利申请已经被授予专利权，并且尚未授权的专利申请符合授予专利权的其他条件的，应当通知申请人进行选择”中的“选择”修改为“**修改**”。

【修订说明】

本节的修订，主要涉及三方面内容。第一，由于修改后的专利法将抵触申请扩大到包括相同申请人在先申请的情形，因此，本节有关同样发明创造的处理不再包括不同申请日的情形。第二，在确定“同样的发明创造只能授予一项专利权”作为不能重复授予专利权的原则的前提下，修改后的专利法第九条及专利法实施细则第四十一条第二款对同一申请人同日对同样的发明创造既申请实用新型专利又申请发明专利的情形给出了一种例外处理方式，即申请人享有一定的选择权，亦即可以通过放弃实用新型专利权的方式克服重复授权的缺陷。在此情形下，实用新型专利权自公告授予发明专利权之日起终止。但是，需要注意的是，享受该选择权还需满足两个条件：一是在先获得的实用新型专利权尚未终止，二是申请人在申请时分别作出说明。第三，对于同一申请人就同样的发明创造提出的另一件专利申请已经被授予专利权，尚未授权的专利申请符合授予专利权的其他条件，并且所述情形不属于本节修订说明“第二”所述例外情况的，申请人不再有机会选择放弃前面的专利权而得到在后申请的专利权，只能通过修改在后申请，克服重复授权的缺陷后方能取得专利权。

此外，本节有两个含义不同的“同日”。在划定同样发明创造处理范畴时，所述“同日”是指申请日，有优先权的，则指优先权日。因为，申请日相同而优先权日不同的，仍属抵触申请的处理范围，故未包含于本节处理范围内。但是，对于上述例外处理方式，所述“同日”仅指申请日。因此，对于一项实用新型专利与一项发明专利申请，如果二者优先权日不同，则应当按照抵触申请的原则处理。如果优先权日相同而申请日不同，则虽然属于同样发明创造的处理范畴，但不属于专利法第九条及专利法实施细则第四十一条第二款所规定的例外情形。

第四章　创　造　性

专利审查指南第二部分第四章的修订主要涉及第2节关于发明创造性的概念和第2.1节关于已有技术的内容。

一、关于创造性概念（第2节）

【修订内容】原审查指南本节规定："发明的创造性，是指同申请日以前已有的技术相比，该发明有突出的实质性特点和显著的进步。"

修订后的专利审查指南本节规定："发明的创造性，是指**与现有技术相比**，该发明有突出的实质性特点和显著的进步。"

二、关于现有技术（第2.1节）

【修订内容】原审查指南本节规定："根据专利法实施细则第三十条的规定，专利法第二十二条第三款所述的已有的技术，是指本部分第三章第2.1节所定义的现有技术。"

修订后的专利审查指南本节规定："**专利法第二十二条第三款所述的现有技术，是指专利法第二十二条第五款和本部分第三章第2.1节所定义的现有技术。**"

【修订说明】专利法第二十二条第二款和第三款对发明和实用新型的新颖性、创造性的判断统一建立在现有技术的基础之上，因此修订后的专利审查指南对发明创造性概念根据专利法第二十二条第三款关于创造性的规定而采用了"现有技术"的措辞，并将原审查指南中的"已有的技术"修改为"现有技术"，使专利法与专利审查指南在此术语上相互统一。

第五章　单一性和分案申请

本章涉及对专利审查指南第二部分第六章修订的解释。

专利审查指南第二部分第六章修订的内容主要涉及第 3.2 节关于分案申请应当满足的要求之（2）的分案申请的内容。

【修订内容】将原审查指南所述的“分案申请的内容不得超出原申请**公开**的范围”修改为“分案申请的内容不得超出原申请**记载**的范围”，并删除了“此处公开的范围应当理解为专利法第三十三条所述的记载范围”的内容。

【修订说明】此处的修订是依据专利法实施细则第四十三条第一款的规定而作出的，该条款已经规定分案申请的内容不得超出原申请记载的范围，因此删除了对“公开的范围”的说明。

第六章　检　　索

本章涉及对专利审查指南第二部分第七章修订的解释。

专利审查指南第二部分第七章的修订主要是：删除了第6.3.1节机检方式中的实例，修改了第12节检索报告中有关R类文献的定义，删除了原审查指南第13节实用新型检索的内容。

一、关于对发明专利申请的检索的机检方式（第6.3.1节）

【修订内容】专利审查指南删除了第6.3.1节计算机检索中一般检索方式和检索思路所列举的实施例。

【修订说明】该实施例的检索方式和思路已与目前审查员通常采用的检索要素的确定和检索方式与思路不相适应，因此删除该部分内容。

二、关于R类文献定义（第12节）

【修订内容】原审查指南对R类文献的定义为："在申请日或申请日后公开的同一申请人的属于同样的发明创造的专利或专利申请文件以及他人在申请日向专利局提交的、属于同样的发明创造的专利或专利申请文件。"

修订后的专利审查指南对R类文献的定义为："**任何单位或个人在申请日向专利局提交的、属于同样的发明创造的专利或专利申请文件。**"

【修订说明】由于专利法第二十二条第二款新颖性的定义中删除了"他人"，因此在申请日以前提出申请、在申请日以后公开的同一申请人的属于同样的发明创造的专利或专利申请文件都属于抵触申请，不再是 R 类文献，因此本节作出适应性修改。

三、关于实用新型的检索

【修订内容】专利审查指南删除原审查指南第 13 节实用新型专利检索的内容。

【修订说明】根据专利法及其实施细则的规定，实用新型检索报告变更为专利权评价报告，有关专利权评价报告的内容在专利审查指南第五部分第十章作出规定，详见所述章的内容。

第七章　实质审查程序

本章涉及对专利审查指南第二部分第八章修订的解释。

专利审查指南第二部分第八章的修订内容主要涉及实质审查程序中的全面审查、申请文件修改的要求及驳回申请的条件等内容。同时对原审查指南中不甚明确的事项进行了补充和完善。

一、关于全面审查（第4.7节）

【修订内容】专利审查指南根据专利法及其实施细则的规定，对申请是否符合专利法及其实施细则有关实质方面和形式方面的所有规定进行了全面梳理，增加了审查申请文件是否符合专利法第二十六条第五款的规定，以及审查申请文件是否符合专利法第二十条规定的内容。

【修订说明】在审查说明书和权利要求书是否存在专利法实施细则第五十三条所列的应予驳回情形时，为适应专利法及其实施细则的调整和修改，修订后的专利审查指南一方面对本节作了适应性修改，即审查专利申请的主题是否符合专利法第二条第二款的规定以及权利要求书是否符合专利法第二十六条第四款关于清楚、简要地限定要求专利保护的范围的规定；另一方面，专利法及其实施细则修改后，在专利法实施细则第五十三条中还增加了两个驳回条款，即专利法第二十六条第五款及专利法第二十条第一款，因此本节相应增加了根据上述两个条款对专利申请进行审查的规定。

二、关于审查其他申请文件（第4.7.3节）

【修订内容】专利审查指南增加第4.7.3节，具体内容为："**对于依赖遗传资源完成的发明创造，审查员还应当审查申请人是否提交了专利局制定的遗传资源来源披露登记表，该遗传资源来源披露登记表中是否说明了该遗传资源的直接来源和原始来源；对于未说明原始来源的，是否说明了理由。**"

【修订说明】专利审查指南适应专利法第二十六条第五款及专利法实施细则第二十六条第二款而增加本节内容，对使用遗传资源来源披露登记表说明遗传资源的直接来源和原始来源进行了规定，以保证专利法及其实施细则上述条款的实施。

三、关于修改（第5.2节）

（一）关于修改的时机和方式（第5.2节、第5.2.1节、第5.2.1.1节、第5.2.1.2节及第5.2.1.3节）

【修订内容】专利审查指南对专利申请文件的修改时机和方式进行了梳理，并作出如下修改：

对于第5.2节和第5.2.1节所引用的相关法条的顺序进行了调整，由原来专利法实施细则第五十一条第一款、第三款，专利法第三十三条的顺序调整为现在的专利法第三十三条，专利法实施细则第五十一条第一款、第三款的顺序。明确了专利法第三十三条用于规范修改的内容与范围，专利法实施细则第五十一条第一款用于规范主动修改的时机、第三款用于规范答复审查意见通知书时的修改方式，并按照此顺序在第5.2.1.1节、第5.2.1.2节、第5.2.1.3节对相应内容分别作出了详细规定。同时，在第5.2.1.1节关于"修改的内容与范围"中进一步明确规定："**……不论申请人对申请文件的修改属于主动修改还是针对通知书指出的缺陷进行的修改，都不得超出原说明书和权利要求书记**

载的范围。”

【修订说明】上述修改使针对申请文件修改的审查标准进一步明晰，进一步突出对修改的内容与范围作出规定的专利法第三十三条的法律地位，并基于这个前提，根据专利法实施细则第五十一条第一款的规定，对主动修改的时机作出了明确的规定和根据专利法实施细则第五十一条第三款的规定，对答复审查意见通知书时的修改方式作出了明确的规定。

（二）关于主动修改的时机（第 5.2.1.2 节）

【修订内容】专利审查指南增加第 5.2.1.2 节如下内容：

“申请人仅在下述两种情形下可对其发明专利申请文件进行主动修改：

（1）在提出实质审查请求时；

（2）在收到专利局发出的发明专利申请进入实质审查阶段通知书之日起的三个月内。

在答复专利局发出的审查意见通知书时，不得再进行主动修改。”

【修订说明】将专利法实施细则第五十三条第一款、第三款的规定作为一节内容单独列出，以使修改所适用的审查标准的层次更加清晰。

（三）关于答复审查意见通知书时的修改方式（第 5.2.1.3 节）

【修订内容】修订后的专利审查指南规定：“根据专利法实施细则第五十一条第三款的规定，在答复审查意见通知书时，**对申请文件进行修改的，应当针对通知书指出的缺陷进行修改，**如果修改的方式不符合专利法实施细则第五十一条第三款的规定，则这样的修改文本一般不予接受。

然而，对于虽然修改的方式不符合专利法实施细则第五十一条第三款的规定，但其内容与范围满足专利法第三十三条要求的修改，只要经修改的文件消除了原申请文件存在的缺陷，并且具有被授权的前景，这种修改就可以被视为是**针对通知书指出的缺陷**进行的修改，因而经此修改的申请文件可以接受。这样处理有利于节约审查程序。但是，当出现下列情况时，即使修改的内容没有超出原说明书和权利要求书记载的范围，也不能被视为是针对通知书指出的缺陷进行的修改，因而不予接受。”

“（1）**主动**删除独立权利要求中的技术特征，扩大了该权利要求请求保护的范围。”

“（2）**主动**改变独立权利要求中的技术特征，导致扩大了请求保护的范围。”

“（3）**主动**将仅在说明书中记载的与原来要求保护的主题缺乏单一性的技术内容作为修改后权利要求的主题。”

“（4）**主动**增加新的独立权利要求，该独立权利要求限定的技术方案在原权利要求书中未出现过。”

“（5）**主动增加新的从属权利要求，该从属权利要求限定的技术方案在原权利要求书中未出现过。**”

【修订说明】本节进一步明确了答复审查意见通知书的修改方式，并且明确了在五种主动修改的情形下，即使修改的内容没有超出原说明书和权利要求书记载的范围，也不能被视为是针对通知书指出的缺陷进行的修改，因而不予接受。其中第（5）种情形为本次专利审查指南新增加的内容。本节修订主要是使申请人能够关注到在申请时就应确定所请求保护的主题内容，而不宜借答复审查意见通知书之机擅自变更要求保护的主题，同时防止由于申请人擅自变更要求保护的主题而造成的审查资源的浪费。

四、关于驳回决定（第6.1节）

（一）关于驳回申请的条件（第6.1.1节）

【修订内容】原审查指南规定："驳回决定一般应当在第二次审查意见通知书之后才能作出。但是，如果申请人在第一次审查意见通知书指定的期限内未提出有说服力的意见陈述和/或证据，也未针对申请文件进行修改，则审查员可以直接作出驳回决定。"

修订后的专利审查指南规定："驳回决定一般应当在第二次审查意见通知书之后才能作出。但是，如果申请人在第一次审查意见通知书指定的期限内**未针对通知书指出的可驳回缺陷**提出有说服力的意见陈述和/或证据，也未针对**该缺陷**对申请文件进行修改**或者修改仅是改正了错别字或更换了表述方式而技术方案没有实质上的改变**，则审查员可以直接作出驳回决定。"

【修订说明】修订后的专利审查指南对驳回时机的要求原则上没有变化，仅是进一步明确规定，在驳回理由和证据已经事先告知过申请人的情况下，对于申请人未针对通知书指出的可驳回缺陷提出有说服力的意见陈述和/或证据，也未针对该缺陷对申请文件进行修改或者修改仅是改正了错别字或更换了表述方式而技术方案没有实质上的改变的情形下，审查员就修改的申请文件可以不进行再次听证，而直接作出驳回决定。通过此修改为实际操作提供了明确的依据。

（二）关于驳回的种类（第6.1.2节）

【修订内容】修订后的专利审查指南在本节增加了专利法第五条第二款涉及有关遗传资源的"违法不授权条款"，专利法第二十条第一款专利申请所涉及的发明在中国完成，且向外国申请专利前未报经专利局进行保密审查的条款以及专利法第二十六条第五款涉及有关遗传资源的“来源披露”的条款。

【修订说明】根据专利法实施细则第五十三条的规定可知，专利法所增加的上述条款均为驳回条款，本节根据专利法实施细则第五十三条的规定对驳回发明专利申请的情形作出适应性增加。

第八章　关于化学领域发明专利申请审查的若干规定

本章涉及对专利审查指南第二部分第十章修订的解释。

专利审查指南第二部分第十章的修订主要涉及以下两个方面：第一，在依据专利法第五条审查的客体中新增违法获取或利用遗传资源完成的发明创造的审查；第二，对有关遗传资源来源披露的具体要求和审查标准进行说明，旨在落实专利法第二十六条第五款的审查。

一、关于违法获取或利用遗传资源完成的发明创造（第9.1.1.3节）

【修订内容】专利审查指南第二部分第十章新增第9.1.1.3节规定：“**违反法律、行政法规的规定获取或者利用遗传资源，并依赖该遗传资源完成的发明创造，属于专利法第五条第二款规定的不能被授予专利权的发明创造，其审查适用本部分第一章第3.2节的规定。**”

【修订说明】为了与专利审查指南第二部分第一章第3.2节的相关规定相适应，新增本节内容。

二、关于遗传资源来源的披露（第9.5节）

（一）关于术语的解释（第9.5.1节）

【修订内容】第二部分第十章新增的第9.5.1节规定：“**专利法所称遗传资源的直接来源，是指获取遗传资源的直接渠道。**

申请人说明遗传资源的直接来源，应当提供获取该遗传资源的时间、地点、方式、提供者等信息。

专利法所称遗传资源的原始来源，是指遗传资源所属的生物体在原生环境中的采集地。遗传资源所属的生物体为自然生长的生物体的，原生环境是指该生物体的自然生长环境；遗传资源所属的生物体为培植或者驯化的生物体的，原生环境是指该生物体形成其特定性状或者特征的环境。申请人说明遗传资源的原始来源，应当提供采集该遗传资源所属的生物体的时间、地点、采集者等信息。”

【修订说明】专利法第二十六条第五款规定：“依赖遗传资源完成的发明创造，申请人应当在专利申请文件中说明该遗传资源的直接来源和原始来源；申请人无法说明原始来源的，应当陈述理由。”该条款属于驳回条款，设置此条款的目的在于，披露遗传资源来源信息将有助于判断该遗传资源的获取或者利用是否违反法律、行政法规的规定。

本节明确规定专利法第二十六条第五款所涉及的“直接来源”和“原始来源”的定义，旨在保障专利法第二十六条第五款的实施。根据本节的规定，如果申请人从某种子库中获得遗传资源，如某植物的种子，当需要披露其来源时，该种子库就是获取该遗传资源的直接来源，该种子库记载的该植物在原生环境中的采集地就是获取该遗传资源的原始来源。如果发明创造利用了遗传资源，如某植物是申请人从该植物的原生环境中直接采集的，当需要披露其来源时，该植物在原生环境中的采集地既是获取该遗传资源的直接来源，也是获取该遗传资源的原始来源。

（二）关于对披露内容的具体要求（第9.5.2节）

【修订内容】第二部分第十章新增第9.5.2节规定：“**就依赖遗传资源完成的发明创造申请专利，申请人应当在请求书中予以说明，并且在专利局制定的遗传资源来源披露登记表（以下**

简称为登记表）中填写有关遗传资源直接来源和原始来源的具体信息。

申请人对直接来源和原始来源的披露应符合登记表的填写要求，清楚、完整地披露相关信息。

如果遗传资源的直接来源为从某个机构获得，例如保藏机构、种子库（种质库）、基因文库等，该机构知晓并能够提供原始来源的，申请人应当提供该遗传资源的原始来源信息。申请人声称无法说明原始来源的，应当陈述理由，必要时提供有关证据。例如指明‘该种子库未记载该遗传资源的原始来源’、‘该种子库不能提供该遗传资源的原始来源’，并提供该种子库出具的相关书面证明。”

【修订说明】本节明确规定了依赖遗传资源完成的发明创造申请专利时披露遗传资源的直接来源和原始来源的具体要求，以保障专利法第二十六条第五款及专利实施细则第二十六条第二款的实施。

（三）关于遗传资源来源披露的审查（第9.5.3节）

【修订内容】第二部分第十章新增第9.5.3节规定：“**在依据专利法第二十六条第五款和专利法实施细则第二十六条第二款进行审查时，审查员应当首先仔细阅读说明书和权利要求书，准确理解发明，在此基础上确定发明创造的完成是否依赖于遗传资源以及所依赖的是何种遗传资源。**

对于依赖于遗传资源完成的发明创造，审查员应当审查申请人是否提交了登记表。

如果申请人未提交登记表，审查员应当在审查意见通知书中告知申请人补交登记表，通知书中还应当具体指明哪些遗传资源需要披露来源并说明理由。

如果申请人提交的登记表中仅披露了部分遗传资源的来源，审查员应当在审查意见通知书中告知申请人补全登记表，通知书

中还应当具体指明需要补充披露来源的遗传资源并说明理由。

如果申请人提交了登记表，审查员应当审查该登记表中是否说明了该遗传资源的直接来源和原始来源；对于未说明原始来源的，是否说明了理由。如果申请人填写的登记表不符合规定，审查员应当在审查意见通知书中指出登记表中存在的缺陷。经申请人陈述意见或者进行修改后仍不符合专利法第二十六条第五款规定的，审查员应当驳回其专利申请。

需要注意的是，登记表中的内容不属于原说明书和权利要求书记载的内容，因此不能作为判断说明书是否充分公开的依据，也不得作为修改说明书和权利要求书的基础。”

【修订说明】本节内容对遗传资源来源披露的具体审查进行了明确规定，以保障专利法第二十六条第五款及专利法实施细则第二十六条第二款的实施。同时本节明确了登记表中的内容与原申请文件之间的关系，即登记表不属于原说明书和权利要求书记载的内容，因此不能作为判断说明书是否充分公开的依据，也不得作为修改说明书和权利要求书的基础。另一方面，遗传资源披露登记表中的内容也不必局限于原说明书和权利要求书记载的内容。

第三部分

进入国家阶段的国际申请的审查

第一章　进入国家阶段的国际申请的初步审查和事务处理

专利审查指南第三部分第一章的修订主要包括以下四个方面：第一，适应专利法及其实施细则的修改，将其修改内容贯彻到专利审查指南中；第二，适应专利合作条约及其实施细则的修订，将国家知识产权局已公布的规范性文件的部分相关内容纳入专利审查指南中；第三，为与专利审查指南中其他相关部分的体例保持一致，修改了部分进入国家阶段后使用的表格及通知书名称并删除其表格代码；第四，将分散于不同小节中的相同内容进行整合。

一、关于国际申请进入国家阶段手续的审查（第2节）

（一）关于国际申请进入国家阶段手续的概述性内容（第2节）

【修订内容】修订后的专利审查指南在第2节的起始部分增加以下四段内容：“**国际申请希望在中国获得专利保护的，申请人应当在专利法实施细则第一百零三条规定的期限内办理进入国家阶段手续。国际申请在中国没有效力或者在中国的效力丧失的，不能进入国家阶段。办理进入国家阶段手续的，应当符合专利法实施细则第一百零四条的规定。**

申请人在办理进入国家阶段手续时提出撤回优先权要求的，办理该手续的期限仍按照原最早优先权日起算。

因中国对专利合作条约及其实施细则的有关规定作出保留，而使国际申请的优先权在国家阶段不成立的，办理进入国家阶段

手续的期限仍按照原最早优先权日起算。

进入国家阶段的国际申请的文件提交地点和方式适用本指南第五部分第三章的规定。进入国家阶段的国际申请的费用缴纳除本章规定的外，适用本指南第五部分第二章的规定。”

【修订说明】原审查指南对办理进入国家阶段手续的规定散见于第三部分第一章各节，而且缺少对特殊情形下办理进入国家阶段手续期限的起算日的规定，因此特在本节增加有关国际申请进入国家阶段手续的概述性内容，以集中体现办理进入国家阶段手续的相关规定。第一段明确了申请人办理进入国家阶段手续应当遵守的期限、不能进入国家阶段的情形，以及申请人办理进入国家阶段手续应当满足的要求。第二段和第三段，明确了两种特殊情形下办理进入国家阶段手续时期限的起算日。第四段对于申请文件的提交地点和方式以及费用缴纳应当适用的规定作出了指引。

（二）关于由受理局确定的国际申请日（第2.1节）

【修订内容】修订后的专利审查指南删除了原审查指南本节中“由受理局确定的国际申请日就是在中国的实际申请日。审查员不必对国际申请重新审查”的内容。

【修订说明】由于自2007年4月1日起，专利合作条约实施细则中增加了关于援引加入的相关规定，但国家知识产权局作为指定局对有关援引加入的规定作出保留，对于在国际阶段含有援引加入内容的国际申请进入国家阶段，专利局可能重新确定国际申请相对于中国的申请日，由受理局确定的国际申请日不一定就是在中国的实际申请日。此外，将相对于中国的申请日的解释，整合到第三部分第一章第3.1.1节中表述。

（三）关于进入国家阶段的处理（第2.3节）

【修订内容】原审查指南规定：“凡是经审查在中国具有效

力，并且按照规定办理了进入手续的国际申请，专利局给予国家申请号，并发出‘国家申请号通知书’（PCT/CN503 表）。在随后的审批程序中，申请人办理各种手续、审查员发出的各种通知应当使用国家申请号予以标明。”

修订后的专利审查指南规定：“按照规定办理进入**国家阶段**手续的国际申请，凡是经审查在中国具有效力，**且符合专利法实施细则第一百零四条第一款第（一）项至第（三）项要求的，**专利局应当给予国家申请号，**明确国际申请进入国家阶段的日期（以下简称进入日）**，并发出**国际申请进入中国国家阶段通知书**。**进入日是指向专利局办理并满足专利法实施细则第一百零四条第一款第（一）项至第（三）项规定的进入国家阶段手续之日。上述满足要求的进入国家阶段手续是在同一日办理的，该日即为进入日。上述满足要求的进入国家阶段手续是在不同日办理的，以进入国家阶段手续最后办理之日为进入日**。在随后的审批程序中，申请人办理各种手续、审查员发出的各种通知应当使用国家申请号予以标明。”

【修订说明】专利法实施细则第一百零四条第二款规定：“符合本条第一款第（一）项至第（三）项要求的，国务院专利行政部门应当给予申请号，明确国际申请进入中国国家阶段的日期（以下简称进入日），并通知申请人其国际申请已进入中国国家阶段。”根据该款规定，专利审查指南对本节作出适应性修改，进一步明确专利局对按照规定办理了进入国家阶段的必要手续且经审查在中国具有效力的国际申请的处理方式。同时，为方便申请人理解进入日的含义，将原审查指南第三部分第一章第3.5节中关于进入国家阶段的日期的解释梳理后移入本节，给出了进入日的定义。

二、关于进入国家阶段时提交的申请文件的审查（第3节）

（一）关于国际申请日（第3.1.1节）

【修订内容】原审查指南规定："国际申请日就是该申请在中国的实际申请日。"

修订后的专利审查指南规定："**除因中国对专利合作条约及其实施细则的有关规定作出保留而需要重新确定相对于中国的申请日外，由受理局确定的**国际申请日**视为**该申请在中国的实际申请日。"

【修订说明】由于国家知识产权局作为指定局对专利合作条约实施细则中有关援引加入的规定作出了保留，对于在国际阶段含有援引加入内容的国际申请，如果申请人在办理进入国家阶段手续的同时请求修改相对于中国的申请日，保留申请文件中援引加入的内容，专利局将重新确定该国际申请相对于中国的申请日，因此，本节作出适应性修改。

（二）关于发明人和申请人的译名（第3.1.4.3节、第3.1.5.3节）

【修订内容】关于发明人的译名，将原审查指南中"申请人认为进入声明中提供的发明人译名不准确的，在国家公布准备工作完成之前可以用主动补正的方式提出"修改为"申请人认为进入声明中**填写**的发明人译名不准确的，在**专利局作好**公布**发明专利申请或者公告实用新型专利权的**准备工作之前可以用主动补正的方式提出"。同时将"在国家公布准备工作完成之后要求改正发明人译名的，应当以改正译文错误的方式提出，并缴纳相应的手续费"修改为"在**专利局作好**准备工作之后要求改正发明人译名的，应当**办理著录项目变更手续"**。

关于申请人的译名，将原审查指南中"申请人认为进入声明中提供的译名不准确的，在国家公布准备工作完成之前可以用主动补正的方式提出”修改为“申请人认为进入声明中**填写**的**申请人**译名不准确的，在**专利局作好**公布**发明专利申请或者公告实用新型专利权的**准备工作之前可以用主动补正的方式提出”。同时将“申请人在国家公布之后要求改正译名的，应当以改正译文错误的方式提出，并缴纳相应的手续费”修改为“申请人在**专利局作好准备工作**之后要求改正译名的，应当**办理著录项目变更手续**”。

【修订说明】专利审查指南明确了关于请求改正发明人和申请人译名的规定，不仅适用于要求获得发明专利权的国际申请，同样适用于要求获得实用新型专利权的国际申请。此外，根据专利审查指南第一部分第一章第6.7节的规定，因发明人和申请人译名不准确而请求更改其译名的，应当由当事人按照规定办理著录项目变更手续。因此，对于在专利局作好公布发明专利申请或者公告实用新型专利权的准备工作之后要求改正其译名的，作出了应当办理著录项目变更手续的修改。但为简化手续，方便申请人，对于在专利局作好公布发明专利申请或者公告实用新型专利权的准备工作之前要求改正发明人或申请人译名的，仍保留可以用主动补正的方式请求更改其译名的规定。

（三）关于审查基础文本声明（第3.1.6节）

（1）【修订内容】将本节标题由“审查基础”修改为“审查基础**文本声明**”。

【修订说明】由于本节仅涉及对进入声明中审查基础文本声明的审查，而不是对审查基础文本本身进行审查，为避免误解，将标题修改为“审查基础文本声明”。

（2）【修订内容】原审查指南第3.1.6节第一段规定：“在国际阶段，申请人在收到国际检索报告之后，可以根据专利合作条约第19条的规定对权利要求书作出修改，修改应当在规定的

第三部分

期限内向国际局提出。在国际初步审查过程中，申请人还可以按照专利合作条约第34条的规定对说明书、附图和权利要求书作出修改，修改应当向国际初步审查单位提出。上述程序称为国际阶段的修改。专利法实施细则第一百零九条又规定申请人可以在办理进入手续之后在规定的期限内提出对说明书、附图和权利要求书的修改，此种修改称为国家阶段的修改。由此可见，进入国家阶段的国际申请，除原始申请文件外，可能还要提出一份或几份修改文本，所以申请人应当指明在实质审查中应当依据的文本，即对审查基础作出声明。在国际阶段及进入国家阶段后均没有对申请作出修改的，审查基础应当是原始申请。国际阶段或者进入国家阶段作出过修改并在审查基础声明中加以指明的，审查使用的文本应当是以修改文件替换原始申请相应部分之后的文本。国际阶段作出过修改但在审查基础声明中没有指明的，应当认为该修改已经放弃，审查中将不再考虑。审查基础声明包括进入国家阶段时在'进入国家阶段的书面声明'（PCT/CN501表）规定栏目中的指明，和进入国家阶段之后单独提交国际阶段修改的译文或国家阶段修改时在规定表格（PCT/CN521表）中的指明。后者是对前者的补充和修正。"

修订后的专利审查指南将其修改为以下三段内容："在国际阶段，申请人在收到国际检索报告之后，可以根据专利合作条约第19条的规定对权利要求书作出修改，修改应当在规定的期限内向国际局提出。在国际初步审查过程中，申请人还可以按照专利合作条约第34条的规定对说明书、附图和权利要求书作出修改，修改应当向国际初步审查单位提出。**此外，国际申请进入国家阶段时，申请人也可能按照专利合作条约第28条或第41条提出修改。**

由此可见，**国际申请**进入国家阶段**时**，除原始申请文件外，可能还要提出一份或几份修改文本，申请人应当**在进入声明中审**

查基础一栏内指明在**后续程序**中应当依据的文本，即对审查基础**文本**作出声明。

在国际阶段及进入国家阶段后均没有对申请作出修改的，审查基础应当是原始申请。国际阶段或者进入国家阶段**时**作出过修改并在审查基础**文本**声明中加以指明的，审查使用的文本应当是以修改文件替换原始申请相应部分之后的文本。国际阶段作出过修改但在审查基础**文本**声明中没有指明的，应当认为该修改已经放弃，**专利局对该修改不予**考虑。”

其中增加了“国际申请进入国家阶段时，申请人也可能按照专利合作条约第 28 条或第 41 条提出修改”的内容，删除了“专利法实施细则第一百零九条又规定申请人可以在办理进入手续之后在规定的期限内提出对说明书、附图和权利要求书的修改，此种修改称为国家阶段的修改”和“审查基础声明包括进入国家阶段时在‘进入国家阶段的书面声明’（PCT/CN501 表）规定栏目中的指明，和进入国家阶段之后单独提交国际阶段修改的译文或国家阶段修改时在规定表格（PCT/CN521 表）中的指明。后者是对前者的补充和修正”的内容，并将“申请人应当指明在实质审查中应当依据的文本”修改为“申请人应当在进入声明中审查基础一栏内指明在后续程序中应当依据的文本”。

【修订说明】

①申请人在国际申请进入国家阶段时，可能还会依据专利合作条约第 28 条或第 41 条提交一份修改文本，因此，增加了“国际申请进入国家阶段时，申请人也可能按照专利合作条约第 28 条或第 41 条提出修改”的内容。

②本节内容主要涉及对于在办理进入国家阶段手续的同时提交的审查基础文本声明的审查，而在办理进入国家阶段手续之后，对申请文件的修改和单独提交国际阶段修改的译文并请求将修改文件作为审查基础的内容，不属于本节的内容，因此，删除

第三部分

了"专利法实施细则第一百零九条又规定申请人可以在办理进入手续之后在规定的期限内提出对说明书、附图和权利要求书的修改，此种修改称为国家阶段的修改"的内容，并将其修改后移至第三部分第一章第5.7节；删除了"审查基础声明包括进入国家阶段时在'进入国家阶段的书面声明'（PCT/CN501表）规定栏目中的指明，和进入国家阶段之后单独提交国际阶段修改的译文或国家阶段修改时在规定表格（PCT/CN521表）中的指明。后者是对前者的补充和修正"的内容，相应内容在专利审查指南第三部分第二章第3.2节中仍予以保留。

③原审查指南仅对要求获得发明专利权的国际申请进行实质审查所依据的文本作出规定，但未对要求获得实用新型专利权的国际申请进行审查所依据的文本作出规定。因此，专利审查指南将原审查指南中"实质审查"修改为"后续程序"，明确本节同样适用于要求获得实用新型专利权的国际申请。

(3)【修订内容】原审查指南第三段规定："审查基础声明中提及国际申请文件修改的，应当同时提交该修改文件或修改文件的译文。没有提交相应文件的，审查员应当发出'改正修改文件译文缺陷通知书'（PCT/CN505表），通知申请人在指定期限内补交，期限届满时仍未提交的，声明提及的修改将不予考虑，审查员应当发出'修改不予考虑通知书'（PCT/CN519表）。"

修订后的专利审查指南规定："审查基础**文本**声明中提及国**际阶段的**修改的，应当**自进入日起两个月内**提交该修改文件的译文。期限届满时仍未提交的，**对**声明**中**提及的修改将不予考虑，审查员应当发出修改不予考虑通知书。"

其中删除了"没有提交相应文件的，审查员应当发出'改正修改文件译文缺陷通知书'（PCT/CN505表），通知申请人在指定期限内补交"的内容。

【修订说明】专利法实施细则第一百零六条规定："国际申请在国际阶段作过修改，申请人要求以经修改的申请文件为基础进行审查的，应当自进入日起两个月内提交修改部分的中文译文。在该期间内未提交中文译文的，对申请人在国际阶段提出的修改，国务院专利行政部门不予考虑。"根据该条规定，对本段作出适应性修改，也就是说，如果申请人请求将国际阶段的修改作为审查基础，必须在自进入日起两个月内提交该修改文件的译文。期限内未提交其译文，审查员不再发出改正修改文件译文缺陷通知书来通知申请人，待期限届满后，将直接发出修改不予考虑通知书。

（四）关于说明书和权利要求的译文（第3.2.1节）

（1）【修订内容】将原审查指南第3.2.1节第二段中"国际公布文本中标明是替换页、更正页的内容应当认为是原始申请的内容"修改为"国际公布文本中标明是替换页、更正页的内容**一般**认为是原始申请的内容"。即将其中的"应当"修改为"一般"。

【修订说明】自2007年4月1日起，专利合作条约实施细则中增加了明显错误更正的内容可以不被指定局考虑的特殊情形。例如，专利合作条约实施细则91.3（e）规定："明显错误的更正，不需要被那些在得到主管局依本细则91.3（a）更正批准通知之前，就已经开始处理国际申请或者审查程序的指定局考虑。"又如，专利合作条约实施细则91.3（f）规定："仅当指定局发现若其自身作为主管单位根据本细则91.1的规定不会许可这些更正时，指定局可以忽略根据本细则91.1所许可的更正。"为与专利合作条约实施细则的修改衔接，专利审查指南对此段作出适应性修改。

（2）【修订内容】原审查指南第四段规定："在国际阶段，国际申请说明书、权利要求书中包含有核苷酸和/或氨基酸序列表部分，并且是作为说明书单独部分提交的，在提交译文时，也应当将其作为单独部分，并且单独编页。序列表部分的自由文字内容已写入说明书的主要部分的，则序列表部分的任何文字不需要翻译。”

修订后的专利审查指南将其修改为以下两段内容：“在国际阶段，国际申请说明书、权利要求书中包含有核苷酸和/或氨基酸序列，并且**序列表**是作为说明书单独部分提交的，在提交译文时，也应当将其作为**说明书**单独部分，并且单独编**写**页**码**。**申请人还应当提交与该序列表相一致的计算机可读形式的副本。如果提交的计算机可读形式的副本中记载的序列表与说明书中的序列表不一致，以说明书中的序列表为准。未提交计算机可读形式的副本，或者所提交的副本与说明书中的序列表明显不一致的，审查员应当发出补正通知书，通知申请人补正。期满未补正的，审查员应当发出视为撤回通知书。**

序列表部分的自由文字内容已写入说明书的主要部分的，序列表部分的任何文字不需要翻译。”

其中增加了关于序列表计算机可读形式的副本的规定。

【修订说明】原审查指南本节中没有就在国际阶段国际申请说明书、权利要求书中包含有核苷酸和/或氨基酸序列表部分的情形，应当提交与该序列表相一致的计算机可读形式的副本及相关处理进行规定，需要参见审查指南第一部分第一章的相关规定。为方便申请人了解涉及核苷酸和/或氨基酸序列的国际申请办理进入国家阶段手续对于计算机可读形式的副本的要求，修订后的专利审查指南增加了上述内容。

(五) 关于使用中文完成国际公布的国际申请（第3.3节）

【修订内容】修订后的专利审查指南在本节中增加以下内容：“**但是，以中文提出的国际申请在完成国际公布前，申请人请求提前处理并要求提前进行国家公布的，还需要提交原始申请**

的说明书、权利要求书及附图（有附图时）的副本。”

【修订说明】原审查指南本节仅规定了使用中文完成国际公布后的国际申请在进入国家阶段时需要提交的文件，但对于以中文提出的国际申请在完成国际公布前请求提前处理并要求提前进行国家公布的情形，未作出具体规定。因此，修订后的专利审查指南增加了上述内容。

（六）关于提前处理（第 3.4.1 节）

【修订内容】原审查指南规定：“要求专利局在优先权日起三十个月期限届满前处理和审查国际申请的，根据专利法实施细则第一百零八条的规定，除应办理第一百零一条所述的手续外还应办理下述必要手续：

（1）按照专利合作条约第 23 条（2）的规定提出明确的请求。该请求应当包括对专利合作条约第 23 条（2）的引述，并应当表明，必要时同意在国际公布之前进行国家公布。

（2）国际局尚未向指定局传送国际申请的，应当提交国际申请经过认证的副本，该副本是经受理局认证的‘受理本’副本，或者是经国际局认证的‘登记本’副本。

（3）申请人可以要求国际局按照专利合作条约第 23 条（2）的规定向指定局传送国际申请文件副本。”

修订后的专利审查指南规定：“要求专利局在优先权日起三十个月期限届满前处理和审查国际申请的，根据专利法实施细则第一百**一十一**条的规定，**申请人**除应**当**办理第一百零**三条和第一百零四**条所述的**进入国家阶段**手续外，还应**当**办理下述手续：

（1）按照专利合作条约第 23 条（2）的规定提出明确的请求。

（2）国际局尚未向**专利**局传送国际申请的，**申请人**应当提交经**确认的**国际申请副本，该副本是经受理局**确**认的‘受理本’副本，或者是经国际局**确**认的‘登记本’副本。

（3）申请人**也**可以要求国际局按照专利合作条约**实施细则**47.4的规定向**专利**局传送国际申请副本，**或者向专利局提出请求，由专利局要求国际局传送国际申请副本**。”

其中，删除了（1）中“该请求应当包括对专利合作条约第23条（2）的引述，并应当表明，必要时同意在国际公布之前进行国家公布”的内容，（3）中增加了可以请求专利局要求国际局传送国际申请副本的内容。

【修订说明】提前处理和提前公布不是两个必然关联的程序。根据专利合作条约及其实施细则的相关规定，申请人可以请求提前处理而不请求提前公布，申请人如果希望在国际公布之前进行国家公布，应当根据专利法实施细则第四十六条的规定，提出提前公布声明。此外，从更加方便申请人的角度出发，本节增加了申请人除可以要求国际局向指定局传送国际申请文件副本外，还可以向专利局提出请求，由专利局要求国际局传送国际申请文件副本的规定。

（七）关于进入国家阶段日期

【修订内容】修订后的专利审查指南删除了原审查指南第3.5节进入国家阶段日期的内容，即：

“进入国家阶段的日期是指向专利局办理专利法实施细则第一百零一条规定的全部进入手续的日期。全部手续是在同一日完成的，该日即为进入国家阶段的日期。手续是在不同日完成的，以最后完成进入手续之日为进入国家阶段的日期。

以传真的方式送交文件及缴费单，并且指明使用从账户中扣除的方式缴费的，传真到达日为完成进入国家阶段手续的日期。

以邮寄的方式送交文件及缴费单并且指明使用从账户中扣除的方式缴费的，邮件到达日为完成进入国家阶段手续的日期，如果出现专利法实施细则第一百一十三条第二款所述的邮递延误的情况，经证明后，以期限届满日为完成进入国家阶段手续的日期。”

【修订说明】删除本节内容，其一是由于本节中关于进入国家阶段的日期的解释已移入修订后的专利审查指南第三部分第一章第2.3节，其二是由于修改后的专利法实施细则删除了原专利法实施细则第一百一十三条，取消了对进入国家阶段的国际申请的文件提交日和费用缴纳日以专利局收到日为提交日和缴费日以及可以使用传真方式提交文件的规定。

三、关于国际阶段的修改文件译文的审查（第4节）

（一）关于按照专利合作条约第19条修改的权利要求书的译文（第4.1节）

【修订内容】专利审查指南将原审查指南“申请人声明以按照专利合作条约第19条作出修改的权利要求书作为审查基础，并且该修改的国际公布使用外文的，申请人应当在办理进入国家阶段手续时，最迟在国家公布准备工作完成之前提交其译文”中的“最迟在国家公布准备工作完成之前提交其译文”修改为“最迟**应当自进入日起两个月内**提交其译文”。

【修订说明】此处是根据专利法实施细则第一百零六条的规定作出的适应性修改，明确申请人请求将国际阶段按照专利合作条约第19条作出修改的权利要求书作为审查基础时，最迟应当自进入日起两个月内提交其译文。

（二）关于按照专利合作条约第34条作出的修改的译文（第4.2节）

【修订内容】将原审查指南“申请人声明以按照专利合作条约第34条作出的修改作为审查基础，并且该修改是以外文作出的，应当在办理进入国家阶段手续时，最迟在国家公布准备工作完成之前提交专利性国际初步报告附件的译文”中的“最迟在国家公布准备工作完成之前提交专利性国际初步报告附件的译文”修改为“最迟**应当自进入日起两个月内**提交**其**译文”。

【修订说明】此处是根据专利法实施细则第一百零六条的规定作出的适应性修改，明确申请人请求将在国际阶段按照专利合作条约第34条作出的修改作为审查基础时，最迟应当自进入日起两个月内提交其译文。

四、关于其他文件的审查（第5节）

（一）关于委托（第5.1.1节）

【修订内容】原审查指南在本节规定：“在中国内地没有经常居所或者营业所的外国申请人，其国际申请在进入国家阶段时，应当委托国家知识产权局指定的专利代理机构办理有关事务。如果申请人没有委托或者没有委托指定的专利代理机构，审查员应当参照本指南第一部分第一章第6.1.1节中的有关规定处理。

国际申请提出时在中国内地有经常居所或者营业所的申请人，其国际申请在进入国家阶段时，可以不委托专利代理机构。”

修订后的专利审查指南删除了第一段中“国家知识产权局指定的”和“或者没有委托指定的”以及第二段中“国际申请提出时”的内容。

【修订说明】修改后的专利法第十九条将国务院专利行政部门指定的专利代理机构修改为依法设立的专利代理机构，本节根据专利法第十九条的规定作出适应性修改。此外，办理进入国家阶段手续时的申请人不一定就是国际申请提出时的申请人，只有当办理进入国家阶段手续时的申请人在中国内地有经常居所或者营业所的，才可以不委托专利代理机构。

（二）关于委托书（第5.1.2节）

(1)【修订内容】原审查指南规定：“国际申请进入国家阶段时，提交的委托书除应当符合本指南第一部分第一章第6.1.2节的规定外，在委托权限一项还应当含有在指定国或选定国办理有关事务的字句。委托书应当写明国际申请号、申请人（即委托人）的原文姓名或名称以及中文译名。”

修订后的专利审查指南删除上段中的“在委托权限一项还应当含有在指定国或选定国办理有关事务的字句”的内容。

【修订说明】从方便申请人的角度出发，专利审查指南删除“在委托权限一项还应当含有在指定国或选定国办理有关事务的字句”的内容。

(2)【修订内容】原审查指南规定：“国际申请在进入国家阶段时没有提交委托书，或者提交的委托书存在缺陷的，审查员应当发出‘改正形式缺陷通知书’（PCT/CN504表），通知申请人补正，期限届满时仍未补正的，申请将被视为撤回。”

修订后的专利审查指南规定：“国际申请在进入国家阶段时没有提交委托书，或者提交的委托书存在缺陷的，应当**适用本指南第一部分第一章第6.1.2节中的有关规定。**”

【修订说明】原审查指南本节未对在中国内地有经常居所或者营业所的申请人，没有提交委托书或者提交的委托书存在缺陷的情形作出规定，鉴于本节与国家申请关于委托书的处理方式相同，为了使相同的内容集中加以表述，修订后的专利审查指南对于国际申请在进入国家阶段时委托书不符合规定的，作出适用修订后的专利审查指南第一部分第一章第6.1.2节中的有关规定的指引。

（三）关于要求优先权声明（第5.2.1节）

(1)【修订内容】修订后的专利审查指南在本节增加以下内

容：“**因中国对专利合作条约及其实施细则的有关规定作出保留，专利局对国际申请在国际阶段恢复的优先权（例如，国际申请日在该优先权日起十二个月之后、十四个月之内）不予认可，相应的优先权要求在中国不发生效力，审查员应当针对该项优先权要求发出视为未要求优先权通知书**”，并将其作为本节第二段。

【修订说明】由于自2007年4月1日起，专利合作条约实施细则增加了关于优先权恢复的相关规定，即，申请人在自优先权日起12个月之后，但在14个月内提交国际申请的，可以要求恢复优先权。但国家知识产权局作为指定局对上述规定作出保留，并对外发布了国家知识产权局第125号公告及公告说明，国际申请进入国家阶段时，专利局对在国际阶段恢复的优先权不予认可。因此，本节新增关于专利局对专利合作条约实施细则中涉及的在国际阶段恢复的优先权不予认可的相应内容，明确国际申请在国际阶段恢复的优先权要求在中国不发生效力以及专利局的处理方式。

(2)【修订内容】原审查指南规定：“国际局向作为指定局或选定局的专利局传送的‘撤回优先权要求通知书’（PCT/IB/317表）或‘优先权要求被认为未提出通知书’（PCT/IB/318表）中所涉及的优先权要求应认为已经失去效力，不再填写在进入声明中。对于上述通知提及的优先权事项仍写在进入声明中的，审查员应当依职权删除，并且通知申请人。”

修订后的专利审查指南规定：“国际局**曾经**向专利局传送的‘撤回优先权要求通知书’（PCT/IB/317表）或‘优先权要求被认为未提出通知书’（PCT/IB/318表）中所涉及的优先权要求应认为已经失去效力，不**应**写**入**进入声明中。**不符合规定**的，审查员应当**针对该项优先权要求发出视为未要求优先权通知书**。”

【修订说明】在国际阶段主动撤回的优先权要求或者已经在

国际阶段被视为未提出且申请人未在办理进入国家阶段手续的同时提出恢复请求的优先权要求，所涉及的优先权要求已经失去效力，如果申请人仍将其写入进入声明，相当于提出了新的优先权要求，这样的优先权要求应当被视为未要求，对此审查员应当针对该项优先权要求发出视为未要求优先权通知书。

(3)【修订内容】原审查指南规定："申请人在国际阶段没有提供在先申请申请号的，应当在进入声明中写明，进入时仍未写明的，该项优先权要求视为未提出。"

修订后的专利审查指南规定："申请人在国际阶段没有提供在先申请的申请号的，应当在进入声明中写明。**不符合规定**的，**审查员应当发出办理手续补正通知书，期满未答复或者补正后仍不符合规定的，审查员应当针对**该项优先权要求**发出视为未要求优先权通知书**。"

【修订说明】对于在国际阶段没有提供在先申请的申请号，在办理进入国家阶段手续时又未予写明的，如果将其告知申请人并给予其修改的机会，而不是直接视该项优先权要求未提出，将更加有利于申请人，因此，本节作出了上述修改，即如果申请人在办理进入国家阶段手续时未写明在先申请的申请号，审查员会先发出办理手续补正通知书，只有对期满未答复或者补正后仍不符合规定的，审查员才会发出视为未要求优先权通知书。

(4)【修订内容】原审查指南规定："根据专利法实施细则第一百零七条第二款的规定，在国际阶段提出的优先权书面声明中某一事项有书写错误，可以在办理进入手续时提出改正请求，并且缴纳改正优先权要求请求费。改正请求应以书面形式提出，并在进入声明中写明改正后的优先权事项。在提出改正请求的同时应当附上在先申请的副本作为改正的依据。"

修订后的专利审查指南规定："**申请人认为**在国际阶段提出的优先权书面声明中某一事项有书写错误，可以在办理进入**国家**

阶段手续**的同**时**或者自进入日起两个月内**提出改正请求。改正请求应以书面形式提出，写明改正后的优先权事项。**对于申请人未向国际局提交过在先申请文件副本的，**在提出改正请求的同时**还**应当附上在先申请**文件**副本作为改正的依据。不符合规定的，视为未提出该改正请求。”

【修订说明】虽然修改后的专利法实施细则删除了原专利法实施细则第一百零七条第二款，但从有利于申请人的角度出发，本节仍保留了申请人对在国际阶段提出的优先权书面声明中某一事项的书写错误，可以在进入国家阶段提出改正请求的机会，且放宽了申请人提出改正优先权书面声明中书写错误请求的期限；同时，为适应专利法实施细则上述条款的删除，取消了缴纳改正优先权要求请求费的规定，即将“可以在办理进入手续时提出改正请求，并且缴纳改正优先权要求请求费”修改为“可以在办理进入国家阶段手续的同时或者自进入日起两个月内提出改正请求”。此外，根据专利合作条约及其实施细则的规定，如果申请人已经按规定向国际局提交了作为改正依据的在先申请文件副本，则国际局一般会向专利局传送该在先申请文件副本，在此情形下申请人提出改正请求时，无须再提交在先申请文件副本。只有申请人未向国际局提交过在先申请文件副本的情形下，才需要在提出改正请求的同时附上在先申请文件的副本作为改正的依据。

(四）关于与优先权声明不一致（第5.2.3.1节）

【修订内容】原审查指南规定：“审查员应当以优先权文件为依据，检查优先权声明中的各项内容，如果与优先权文件记载不一致，审查员应当发出优先权视为未要求通知书。”

修订后的专利审查指南规定：“审查员应当以**在先申请**文件**副本**为依据，检查优先权声明中的各项内容，如果**与在先申请**文件**副本中**记载**的一项或者两项内容**不一致，**审查员应当发出办理**

手续补正通知书，期满未答复或者补正后仍不符合规定的，审查员应当发出视为未要求优先权通知书。”

【修订说明】对于优先权声明中填写的内容与在先申请文件副本中记载的一项或者两项内容不一致的情形，借鉴国家申请的处理方式，将审查员应当直接发出“视为未要求优先权通知书”，修改为先发出“办理手续补正通知书”，给予申请人补正的机会。

（五）关于申请人是否有权要求申请中指明的在先申请的优先权（第5.2.3.2节）

【修订内容】修订后的专利审查指南在本节增加以下内容：“**对于在先申请是在中国提出的国家申请，审查员应当适用本章第5.2.6节的规定审查在后申请的申请人是否有权要求申请中指明的在先申请的优先权**”，并将其作为本节最后一段。

【修订说明】原审查指南本节仅对在先申请不是向中国专利局提出的，申请人是否有权要求申请中指明的在先申请的优先权作出了规定，但对于在先申请是在中国专利局提出的国家申请，申请人是否有权要求申请中指明的在先申请的优先权，本节未作出具体规定，因此，为方便申请人，修订后的专利审查指南增加了针对该情形的指引性规定。

（六）关于优先权要求费（第5.2.4节）

【修订内容】修订后的专利审查指南新增第5.2.4节“优先权要求费”，其内容为：“**要求优先权的，申请人应当自进入日起两个月内缴纳优先权要求费；期满未缴纳或者未缴足的，视为未要求优先权，审查员应当发出视为未要求优先权通知书。**”

【修订说明】原审查指南未对进入国家阶段的国际申请的优先权要求费作出规定，根据专利法实施细则第一百一十条第二款的规定增加上述内容，对于国际申请要求优先权的，申请人应当自进入日起两个月内缴纳优先权要求费，期满仍未缴纳或者未缴足的，审查员无须通知申请人补缴，而是直接发出视为未要求优先权通知书。

（七）关于优先权要求的恢复（第5.2.5节）

(1)【修订内容】原审查指南规定："国际申请在国际阶段发生过专利合作条约实施细则第26条之二.2的情形，由国际局或者受理局宣布过优先权要求视为未提出的，申请人在办理进入国家阶段手续的同时可以提出恢复优先权要求的请求，并且缴纳恢复费，同时应当附具在先申请的副本作为恢复的依据。"

修订后的专利审查指南规定："国际申请在国际阶段发生过专利合作条约实施细则第26条之二.2的情形，由国际局或者受理局宣布过优先权要求视为未提出的，申请人在办理进入国家阶段手续的同时可以提出恢复优先权要求的请求，并且缴纳恢复费，**对于申请人未向国际局提交过在先申请文件副本的**，同时还应当附具在先申请**文件**副本作为恢复的依据。"

【修订说明】根据专利合作条约及其实施细则的规定，如果申请人按规定向国际局提交过在先申请文件副本，则国际局一般会将其转送给专利局。因此只有在申请人未向国际局提交过在先申请文件副本的情形下，才需要在提出恢复优先权要求的请求的同时附上在先申请文件的副本作为恢复的依据，故作出上述修改。

(2)【修订内容】修订后的专利审查指南增加以下内容：**"国际申请在进入国家阶段后，由于下述情形之一导致视为未要求优先权的，可以根据专利法实施细则第六条的规定请求恢复要求优先权的权利：**

(1)申请人在国际阶段没有提供在先申请的申请号，进入声明中仍未写明在先申请的申请号。

(2)要求优先权声明填写符合规定，申请人未在规定期限内

提交在先申请文件副本或者优先权转让证明。

(3) 要求优先权声明中在先申请的申请日、申请号和原受理机构名称中的一项或者两项内容与在先申请文件副本中记载的不一致。

(4) 要求优先权声明填写符合规定，但未在规定期限内缴纳或者缴足优先权要求费。

有关恢复权利请求的处理，适用本指南第五部分第七章第6节的有关规定。

除以上情形外，其他原因造成被视为未要求优先权的，不予恢复。”

【修订说明】原审查指南本节仅规定了在国际阶段被视为未要求的优先权要求进入国家阶段时可以请求恢复的情形，但对于在国家阶段被视为未要求的优先权要求可以请求恢复的具体情形未在本节作出规定，需要参见审查指南其他部分的相关规定。为了便于申请人了解对于在国家阶段被视为未要求的优先权要求，可以请求恢复的情形，修订后的专利审查指南增加了上述内容，并明确规定除本节所述的四种可以请求恢复的情形外，对于其他原因造成视为未要求优先权的，不予恢复。

（八）关于援引加入（第5.3节）

【修订内容】修订后的专利审查指南新增第5.3节“援引加入”，其内容为：“**根据专利合作条约实施细则的规定，申请人在递交国际申请时遗漏了某些项目或部分，可以通过援引在先申请中相应部分的方式加入遗漏项目或部分，而保留原国际申请日。其中的‘项目’是指全部说明书或者全部权利要求，‘部分’是指部分说明书、部分权利要求或者全部或部分附图。**

因中国对专利合作条约实施细则的上述规定作出保留，国际申请在进入国家阶段时，对于通过援引在先申请的方式加入遗漏项目或部分而保留原国际申请日的，专利局将不予认可。

对于申请文件中含有援引加入项目或部分的，如果申请人在办理进入国家阶段手续时在进入声明中予以指明并请求修改相对于中国的申请日，则允许申请文件中保留援引加入项目或部分。审查员应当以国际局传送的‘确认援引项目或部分决定的通知书’(PCT/RO/114表)中的记载为依据，重新确定该国际申请在中国的申请日，并发出重新确定申请日通知书。因重新确定申请日而导致申请日超出优先权日起十二个月的，审查员还应当针对该项优先权要求发出视为未要求优先权通知书。对于申请文件中含有援引加入项目或部分的，如果申请人在办理进入国家阶段手续时未予以指明或者未请求修改相对于中国的申请日，则不允许申请文件中保留援引加入项目或部分。审查员应当发出补正通知书，通知申请人删除援引加入项目或部分，期满未补正的，审查员应当发出视为撤回通知书。申请人在后续程序中不能再通过请求修改相对于中国的申请日的方式保留援引加入项目或部分。”

【修订说明】自2007年4月1日起，专利合作条约实施细则增加了关于援引加入的相关规定，即如果申请人在递交国际申请时遗漏了某些项目或部分，可以通过援引在先申请中相应部分的方式加入遗漏项目或部分，而保留原国际申请日。但国家知识产权局作为指定局对有关援引加入的规定作出了保留，并对外发布了国家知识产权局第125号公告及公告说明，明确规定国际申请进入国家阶段时，专利局对在国际阶段通过援引在先申请的方式加入遗漏项目或部分而保留原国际申请日的不予认可。因此，修订后的专利审查指南新增本节内容。本节共包括三段，第一段对专利合作条约实施细则中的相关规定进行了简要归纳，引述了援引加入的含义。第二段阐明了专利局作为指定局对通过援引在先申请的方式加入遗漏项目或部分而保留原国际申请日的不予认可。第三段明确了在何种情形下，允许申请文件中保留援引加入项目或部分以及相应的处理方式，并强调了在国际阶段含有援引加入项目或部分的国际申请，只有申请人在办理进入国家阶段手续的同时在进入声明中予以指明并请求修改相对于中国的申请日的，才允许申请文件中保留援引加入项目或部分，并且专利局将重新确定该申请在中国的实际申请日。在后续程序中不再允许通过请求修改相对于中国的申请日的方式保留申请文件中含有的援引加入项目或部分，而必须删除援引加入的项目或部分。

（九）关于遗传资源的来源（第5.6节）

【修订内容】修订后的专利审查指南新增第5.6节“遗传资源的来源”，其内容为：“**国际申请涉及的发明创造的完成依赖于遗传资源的，申请人应当在进入声明中予以说明，并填写遗传资源来源披露登记表。不符合规定的，审查员应当发出补正通知书，通知申请人补正。期满未补正的，审查员应当发出视为撤回通知书。补正后仍不符合规定的，该专利申请应当被驳回。**”

【修订说明】根据专利法实施细则第一百零九条的规定，专利审查指南增加了对于国际申请是依赖遗传资源完成的发明创造，进入国家阶段的规定。

（十）关于进入国家阶段后对申请文件的修改（第5.7节）

（1）【修订内容】修订后的专利审查指南在本节增加第一段内容：“**专利法实施细则第一百一十二条规定，申请人可以在办理进入国家阶段手续之后在规定的期限内提出对专利申请文件的修改，此种修改称为国家阶段的修改。**”

【修订说明】为了将属于进入国家阶段修改的相关内容在同一小节集中加以表述，专利审查指南将原审查指南第3.1.6节中“专利法实施细则又规定申请人可以在办理进入手续之后在规定的期限内提出对说明书、附图和权利要求书的修改，此种修改称为国家阶段的修改”的规定移至本节，并作出适应性修改。

（2）【修订内容】专利审查指南将原审查指南中“要求获得实用新型专利权的国际申请，申请人自办理进入手续之日起一个月内可以提出对说明书、附图和权利要求书的修改”修改为“要求获得实用新型专利权的国际申请，申请人**可以**自进入日起**两个月内对专利申请文件主动**提出修改”。

【修订说明】根据专利法实施细则第一百一十二条的规定，专利审查指南将申请人对要求获得实用新型专利权的国际申请文件提出主动修改的时机“自办理进入手续之日起一个月内”修改为“自进入日起两个月内”，延长了申请人对专利申请文件提出主动修改的期限。对于要求获得发明专利权的国际申请，申请人提出主动修改的时机没有变化。

（3）【修订内容】修订后的专利审查指南在“当国际申请进入国家阶段时，申请人明确要求以按照专利合作条约第 28 条或第 41 条作出的修改为审查基础的，可以在提交原始申请译文的同时提交修改文件”之后增加“**该修改视为按照专利法实施细则第一百一十二条的规定主动提出的修改**”。

【修订说明】根据专利合作条约第 28 条或第 41 条的规定，申请人应有机会在规定的期限内，向每个指定局或选定局提出对权利要求书、说明书和附图的修改。也就是说，指定局或选定局应当给申请人提供对权利要求书、说明书和附图修改的机会，而专利法实施细则第一百一十二条已经为申请人提供了对专利申请文件提出主动修改的机会，因此修订后的专利审查指南规定，按照专利合作条约第 28 条或第 41 条作出的修改视为按照专利法实施细则第一百一十二条的规定主动提出的修改。

（4）【修订内容】修订后的专利审查指南删除了原审查指南本节最后一段：“申请人就同一部分内容提出多次修改的，后次修改说明及修改替换页应当在前次修改的基础上作出。”

【修订说明】专利审查指南为方便申请人提交修改文件而删

除上述内容。

（十一）关于改正译文错误（第5.8节）

【修订内容】专利审查指南将原审查指南中“申请人在国家公布准备工作完成之前办理改正译文错误手续的，专利局应当公布改正后的文本”修改为“申请人**可以**在**专利局作好**公布**发明专利申请或者公告实用新型专利权的**准备工作之前办理改正译文错误手续”。

专利审查指南删除了原审查指南中“初步审查程序中，审查员发现附图中的文字没有译出的，应当发出‘改正译文错误通知书’（PCT/CN508表），通知申请人改正”的规定

【修订说明】根据专利法实施细则第一百一十三条的规定作出适应性修改，明确关于改正译文错误的规定同样适用于要求获得实用新型专利权的国际申请。另外，原审查指南中的“初步审查程序中，审查员发现附图中的文字没有译出的，应当发出‘改正译文错误通知书’（PCT/CN508表），通知申请人改正”属于对说明书附图的审查的内容，该内容已在第三部分第一章第3.2.2节体现，因此，本节将其删除。

五、关于以中文提出的国际申请在国家阶段的提前公布(第6.2.2节)

【修订内容】修订后的专利审查指南在本节增加以下内容：“**以中文提出的国际申请在完成国际公布前，申请人请求提前处理并要求提前进行国家公布的，国家公布以在发明专利公报中的登载和发明专利申请单行本的出版两种形式完成。**”

【修订说明】原审查指南未对以中文提出的国际申请在完成国际公布前，申请人请求提前处理并要求提前进行国家公布时国家公布的形式作出具体规定，因此，修订后的专利审查指南增加了上述内容。

第三部分

六、关于文件提交地点、提交方式及递交日的确定

【修订内容】修订后的专利审查指南删除了原审查指南第7节文件提交地点、提交方式及递交日的确定的内容。

【修订说明】原审查指南本节是依据原专利法实施细则第一百一十三条设立的，由于修改后的专利法实施细则删除了原专利法实施细则第一百一十三条，故修订后的专利审查指南也相应地删除了本节内容。对于文件提交的地点和方式以及递交日的确定同国家申请。

七、关于缴费的特殊规定（第7节）

（一）关于申请费、公布印刷费、申请附加费及宽限费（第7.1节）

【修订内容】原审查指南规定："申请费、公布印刷费及宽限费应当在专利法实施细则第一百零一条规定的期限内缴纳，缴费日以费用到达专利局收费处之日为准。使用账户扣除方式的，以缴费单到达专利局之日为缴费日。"

修订后的专利审查指南规定："申请费、公布印刷费及宽限费应当在专利法实施细则第一百零三条规定的期限内缴纳。

申请人在收到国际申请进入中国国家阶段通知书之后，应当以国家申请号缴纳相关费用，在此之前可以以国际申请号缴纳相关费用。"

【修订说明】原审查指南中的"缴费日"是依据原专利法实施细则第一百一十三条确定的，由于修改后的专利法实施细则删除了原专利法实施细则第一百一十三条，故修订后的专利审查指南相应地删除了本节中关于缴费日的相关内容，对于缴费日的确定同国家申请。此外，为方便申请人缴纳相关费用，新增可以以国际申请号缴纳相关费用的规定。即申请人在收到国际申请进入

中国国家阶段通知书之前，可以以国际申请号缴纳相关费用，在此之后应当以国家申请号缴纳相关后续费用。

（二）关于实质审查费的减免（第7.2.2节）

【修订内容】修订后的专利审查指南删除了原审查指南中“由中国作出国际检索报告的国际申请，在进入国家阶段并提出实质审查请求时，只需要缴纳50%的实质审查费”的内容。

【修订说明】根据专利合作条约实施细则第44条之二和第70条的规定，经过国际检索的国际申请一般包含有根据专利合作条约第I章的国际检索单位的专利性国际初步报告，或者根据专利合作条约第II章的国际初步审查单位的专利性国际初步报告（如果申请人按照规定提出初步审查要求），因此，本节删除了没有专利性国际初步报告情形下的减免规定。

（三）关于其他特殊费用（第7.3节）

【修订内容】修订后的专利审查指南删除了原审查指南中“（2）改正优先权要求请求费，应当在提出改正优先权要求的请求时缴纳。（3）优先权要求恢复费，应当在提出恢复优先权要求的请求时缴纳”的内容。

【修订说明】原专利法实施细则第一百零七条第二款规定，“申请人在国际阶段提出的优先权书面声明有书写错误或者未写明在先申请的申请号的，可以在办理进入中国国家阶段手续时提出改正请求或者写明在先申请的申请号。申请人提出改正请求的，应当缴纳改正优先权要求请求费”，由于修改后的专利法实施细则删除了原专利法实施细则第一百零七条第二款，为适应专利法实施细则的修改，本节删除了关于缴纳改正优先权要求请求费的相关内容。此外，由于在专利法实施细则中没有关于国际申请“优先权要求恢复费”的费用种类，故本节删除了关于国际申请优先权要求恢复费的相关内容。关于国际申请优先权的恢复与国家申请优先权的恢复相同，应当缴纳恢复权利请求费。

八、关于案卷

【修订内容】修订后的专利审查指南删除了原审查指南第 9 节案卷的内容。

【修订说明】关于纸件案卷的立卷原则，适用修订后的专利审查指南第五部分第四章第 2 节的相关规定，关于查阅案卷适用修订后的专利审查指南第五部分第四章第 5 节的相关规定，故将原审查指南第 9 节予以删除。

九、关于表格代码

【修订内容】修订后的专利审查指南删除了第一章中所有由专利局制定的表格代码，包括：PCT/CN501 表、PCT/CN502 表 ~ PCT/CN508 表、PCT/CN510 表、PCT/CN513 表、PCT/CN519 表、PCT/CN521 表、PCT/CN522 表、PCT/CN527 表。

【修订说明】专利审查指南其他部分涉及的由专利局制定的表格均未加注表格代码，为保持专利审查指南体例的一致性，对第三部分第一章所涉及由专利局制定的表格代码进行了删除。此外，由于本章所引用的国际阶段的通知书（表格）名称为意译，为方便申请人理解，对国际阶段通知书的表格代码仍予以保留。如 PCT/IB/307 表、PCT/RO/114 表等。

第二章　进入国家阶段的国际申请的实质审查

专利审查指南第三部分第二章的修订主要包括以下三个方面：第一，适应专利法及其实施细则的修改，将其修改内容贯彻到专利审查指南中；第二，适应专利合作条约及其实施细则的修订，将国家知识产权局已公布的规范性文件的相关内容纳入专利审查指南中；第三，为与第一章的体例保持一致，修改了部分进入国家阶段后表格及通知书名称并删除其表格代码，同时对部分相关内容进行了梳理。

一、关于授予专利权的实质条件（第 2.2 节）

【修订内容】修订后的专利审查指南本节针对授予专利权的实质条件增加如下法律条款：专利法第五条关于违反法律、行政法规的规定获取或者利用遗传资源并依赖该遗传资源完成的发明创造；专利法第九条第一款及专利法实施细则第四十一条避免重复授权；专利法第二十条关于保密审查；专利法第二十六条第五款及专利法实施细则第二十六条和第一百零九条关于遗传资源来源的披露。

【修订说明】依据专利法第三十八条及专利法实施细则第五十三条规定，针对要求获得发明专利保护的国际申请的实质审查增加相应条款。

二、关于实质审查依据文本的确认（第3节）

（一）关于审查依据的文本（第3.2节）

（1）【修订内容】修订后的专利审查指南在作为实质审查基础的文本可能包括的内容中增加：“**（4）根据专利法实施细则第四十四条和/或第一百零四条提交的补正文本。**

（5）根据专利法实施细则第一百一十二条第二款或第五十一条第一款提交的修改文本。”

并在“根据专利合作条约第28条**或**第41条提交的修改的权利要求书、说明书和附图”后面增加“**视为根据专利法实施细则第一百一十二条第二款或第五十一条第一款提交的修改文本**”。

【修订说明】根据实质审查程序中的请求原则，增加可能作为实质审查基础的两种文本，即根据专利法实施细则第四十四条和/或第一百零四条提交的补正文本，和根据专利法实施细则第一百一十二条第二款或第五十一条第一款提交的修改文本。

此外，根据专利合作条约第28条或第41条的规定，指定局或选定局应当给申请人提供对权利要求书、说明书和附图修改的机会，而专利法实施细则第一百一十二条已经为申请人提供了对专利申请文件提出主动修改的机会，因此修订后的专利审查指南增加了按照专利合作条约第28条或第41条作出的修改“视为按照专利法实施细则第一百一十二条的规定主动提出的修改”的表述。

（2）【修订内容】修订后的专利审查指南在本节中增加以下内容：“**如果申请人在进入声明中指明申请文件中含有援引加入的项目或部分，并且在初步审查阶段已经重新确定了该国际申请相对于中国的申请日，则援引加入的项目或部分应当是原始提交的申请文件的一部分。实质审查过程中，不允许申请人通过修改相对于中国的申请日而保留援引加入的项目或部分。**”

【修订说明】为适应专利合作条约实施细则的修改变化，修订后的专利审查指南第三部分第一章增加了有关“援引加入”的规定，此处相应增加在实质审查过程中对援引加入的项目或部分的处理方式，明确规定了申请人在进入声明中指明申请文件中含有援引加入的项目或部分，并且在初步审查阶段已经重新确定了该国际申请相对于中国的申请日的，援引加入的项目或部分应当是原始提交的申请文件的一部分。实质审查过程中，不允许申请人通过修改相对于中国的申请日而保留援引加入的项目或部分。

(3)【修订内容】修订后的专利审查指南删除了表格代码“PCT/CN 501 表”和“PCT/CN 521 表”。

【修订说明】专利审查指南其他部分涉及的由专利局制定的表格均未加注表格代码，为保持专利审查指南体例的一致性，对上述两个表格代码进行了删除。

（二）关于国际公布文本的错误

【修订内容】修订后的专利审查指南删除了原审查指南第3.4节国际公布文本的错误，删除的内容为：“审查员认为国际公布文本不正确的，应当通知专利局PCT处，由专利局PCT处向国际局核实，并提供正确的国际公布文本。”

【修订说明】上述规定属于专利局内部流程且原内容不尽完善，因此，修订后的专利审查指南删去本节内容。

三、关于国际检索报告中的E类文件（第4.2节）

【修订内容】原审查指南规定：“‘E’表示在国际申请日的当天或之后公布的在先申请或专利。”

修订后的专利审查指南规定：“‘E’表示**申请日或优先权日早于国际申请的申请日（非优先权日），公布日**在该国际申请日的当天或之后公布**且其内容涉及国际申请的新颖性的**专利文件。

在国际检索报告中出现的E类文件可能成为国家阶段检索报告中的PE类或E类文件。”

【修订说明】从原审查指南对于国际检索报告中E类文件的定义中很难看出E类文件的申请日或优先权日是早于国际申请的申请日而非优先权日的特点，而根据《PCT国际检索和初步审查指南》第16.67段E类文件的定义，E类文件应当是其申请日或优先权日早于国际申请的申请日而非优先权日的相关文件，因此，本节对国际检索报告中E类文件的定义进行了完善。此外，国际检索报告中的E类文件是基于国际申请的申请日而非优先权日的情况下确定的，国际申请进入国家阶段后，审查员基于国际申请的优先权日而非申请日重新确定该文件的类型，因此，国际检索报告中的E类文件就可能成为国家阶段检索报告中的PE类文件，也可能仍然是E类文件，对此本节作出了说明。

四、关于实质审查所涉及的内容和审查要求（第5节）

（一）关于优先权的审查（第5.3节）

【修订内容】修订后的专利审查指南在本节中增加以下内容：“**需要注意的是，由于专利局对专利合作条约及其实施细则的某些规定作出了保留，例如，涉及国际申请在国际阶段恢复的优先权和援引加入的条款（参见本部分第一章第5.2.1节和第5.3节），国际申请在国际阶段被认可的优先权有可能在该国际申请进入国家阶段后不被接受。”**

【修订说明】为适应专利合作条约实施细则的修改变化，修订后的专利审查指南第三部分第一章增加了关于在国际阶段恢复的优先权的相关规定，以及关于援引加入的相关规定，所以此处相应增加了在国际阶段被认可的优先权在国家阶段可能不被接受的提示。

（二）关于避免重复授权的审查（第5.6节）

【修订内容】修订后的专利审查指南在本节中增加以下内容：“**需要注意的是，在上述两种情形中，如果出现了视为未要求优先权或优先权不成立的情况，则在先申请可能成为破坏该国际申请新颖性的现有技术或抵触申请。**”

【修订说明】针对进入国家阶段的国际申请要求的是在中国提出的在先申请的优先权，或者要求的是已经进入中国国家阶段的在先国际申请的优先权可能造成重复授权的情况，因此增加如上内容，以引起注意。

第四部分

复审与无效请求的审查

第一章 总 则

专利审查指南第四部分第一章的修订主要包括以下三个方面：第一，适应专利法实施细则第72条第2款的修改，对请求原则进行适应性修改；第二，明确了依职权审查不受当事人请求范围的限制；第三，对涉及外观设计的审查决定的撰写规定进行修改。

一、关于请求原则（第2.3节）

【修订内容】修订后的专利审查指南将第2.3节修改为："复审程序和无效宣告程序均应当基于当事人的请求启动。

请求人在专利复审委员会作出复审请求或者无效宣告请求审查决定前撤回其请求的，其启动的审查程序终止；**但对于无效宣告请求，专利复审委员会认为根据已进行的审查工作能够作出宣告专利权无效或者部分无效的决定的除外**。

请求人在审查决定的结论已宣布或者书面决定已经发出之后撤回请求的，不影响审查决定的有效性。"

【修订说明】专利法实施细则第七十二条第二款规定："专利复审委员会作出决定之前，无效宣告请求人撤回其请求或者其无效宣告请求被视为撤回的，无效宣告请求审查程序终止。但是，专利复审委员会认为根据已进行的审查工作能够作出宣告专利权无效或者部分无效的决定的，不终止审查程序。"根据该款规定，对第2.3节进行适应性修改，补充在无效宣告程序中当事人请求撤回无效宣告请求时审查程序不终止的例外情形。同时将

第 2.3 节调整为三段，使其表述更有层次。

二、明确依职权审查不受当事人请求的范围的限制（第 2.4 节）

【修订内容】修订后的专利审查指南将 2.4 节修改为：“专利复审委员会可以对所审查的案件依职权进行审查，而不受当事人**请求的范围和**提出的理由、证据的限制。”

【修订说明】复审请求人请求的范围是其请求撤销的驳回决定所涉及的专利申请文件的具体内容部分，无效宣告请求人请求的范围是其请求宣告无效的权利要求或外观设计。按照专利审查指南的相关规定，在复审程序中专利复审委员会可以依职权针对驳回决定未指出的明显实质性缺陷进行审查。在无效宣告程序中如果专利权存在明显不属于专利保护客体的缺陷，即便请求人未对相应的权利要求提出无效宣告请求，专利复审委员会也可以依职权进行审查。这些审查均超出了当事人请求的范围，因此在本节中增加依职权审查不受当事人请求的范围的限制。

三、关于涉及外观设计的审查决定的撰写（第 6.2 节）

【修订内容】将第 6.2 节（5）中的“对于涉及外观设计相同或者相近似判断的审查决定，还应当先用文字对所涉及外观设计的主要内容进行客观的描述”修改为“**对于涉及外观设计的审查决定，应当根据需要使用文字对所涉及外观设计的主要内容进行客观的描述**”。将第 6.2 节（7）中的“对于涉及外观设计相同或者相近似判断的审查决定，应当根据需要使用外观设计的图片或者照片作为审查决定的附图”改为“**对于涉及外观设计的审查决定，**应当根据需要使用外观设计的图片或者照片作为审查决定的附图”。

【修订说明】首先，专利法第二十三条已对外观设计的授权标准进行了修改，外观设计专利的审查已不再是进行“相同或者相近似”的判断，因此原审查指南的表述已不再准确。其次，对外观设计专利的审查即便不涉及与在先设计的对比，有时也需要对所涉及的外观设计进行文字描述，因此对涉及外观设计的审查决定的撰写作出如上修改。

第二章　复审请求的审查

专利审查指南第四部分第二章的修订主要包括以下三个方面：第一，根据专利法实施细则第六十条第二款的规定对复审程序中的委托手续进行相应修改；第二，对复审程序中补正通知书的答复期限进行了调整；第三，对复审程序中请求人未针对驳回决定或者复审通知书指出的缺陷进行修改时应当如何进行处理予以规范。

一、关于委托手续（第2.6节）

【修订内容】专利审查指南将第2.6节中“对于根据专利法第十九条第一款规定应当委托国家知识产权局指定的专利代理机构的复审请求人，未按规定委托的，专利复审委员会应当通知复审请求人在指定期限内补正；未在指定期限内补正的，其复审请求视为未提出；在指定期限内补正不合格的，其复审请求不予受理”修改为“**对于根据专利法第十九条第一款规定应当委托专利代理机构的复审请求人，未按规定委托的，其复审请求不予受理**”。

【修订说明】按照专利法第十九条第一款的规定，在中国没有经常居所或者营业所的外国人、外国企业或者外国其他组织在中国申请专利和办理其他专利事务的，应当委托依法设立的专利代理机构办理。同时，专利法实施细则第六十条第二款规定，复审请求不符合专利法第十九条第一款规定的，专利复审委员会不予受理。

原专利法及其实施细则中对复审请求人属于应当委托专利代

理机构而未按规定进行委托时缺少相应的罚则，审查实践中按照原审查指南的规定进行处理，发出补正通知书要求复审请求人进行补正，针对不同的补正情况，最终出现了“复审请求视为未提出”和“复审请求不予受理”两种不同的处理结果。

本节根据修订后的专利法实施细则第六十条第二款进行了适应性修改，对于复审请求人属于应当委托专利代理机构而未按规定进行委托的，专利复审委员会不再发出补正通知书，直接依据专利法实施细则第六十条第二款对复审请求不予受理，同时在不予受理通知书中说明相应的理由，从而简化了处理程序。

二、关于补正通知书的答复期限（第2.7节）

【修订内容】专利审查指南将第2.7节中“专利复审委员会应当发出补正通知书，要求复审请求人在收到通知书之日起一个月内补正”修改为“**专利复审委员会应当发出补正通知书，要求复审请求人在收到通知书之日起十五日内补正**”。

【修订说明】为了避免复审案件受理时间过长，使复审请求案件尽早进入复审程序并缩短整个程序的审查周期，使被驳回的申请及时获得救济，同时考虑到复审程序中当事人针对涉及实体缺陷的复审通知书的答复期限也仅为一个月，涉及形式缺陷的补正通知书相对容易答复，因此专利审查指南将补正通知书的答复期限从一个月修改为十五日。

三、关于修改文本的审查（第4.2节）

【修订内容】在第4.2节增加一段：“**在复审程序中，复审请求人提交的申请文件不符合专利法实施细则第六十一条第一款规定的，合议组一般不予接受，并应当在复审通知书中说明该修改文本不能被接受的理由，同时对之前可接受的文本进行审查。如果修改文本中的部分内容符合专利法实施细则第六十一条第一**

款的规定，合议组可以对该部分内容提出审查意见，并告知复审请求人应当对该文本中不符合专利法实施细则第六十一条第一款规定的部分进行修改，并提交符合规定的文本，否则合议组将以之前可接受的文本为基础进行审查。”

【修订说明】根据专利法实施细则第六十一条第一款的规定，复审请求人对申请文件的修改应当仅限于消除驳回决定或者复审通知书指出的缺陷。当请求人未针对驳回决定或者复审通知书指出的缺陷进行修改时应当如何进行处理，原审查指南未作出规定。为全面、有效地维护申请人的利益，提高审查的效率，本次专利审查指南修订将审查实践中已较为统一和成熟的处理方式纳入专利审查指南中。

设置复审程序的目的是为专利申请人在专利申请被驳回后提供救济，因此，在复审程序中申请人修改申请文件时应当针对驳回决定或者复审通知书指出的缺陷进行修改。如果修改未针对驳回决定或者复审通知书指出的缺陷进行，不能认为是出于救济的目的进行的修改，因此不能被接受。但是，如果修改虽然未针对驳回决定或者复审通知书指出的缺陷进行，但其克服了申请文件中存在的缺陷，接受这样的修改显然有利于审查，有利于尽早审结案件，因此，在复审程序中复审请求人未针对驳回决定或者复审通知书指出的缺陷进行修改的，合议组不是一概不予接受，而是一般不予接受。对于不予接受的修改，合议组应告知请求人不予接受的理由，同时对之前可接受的文本进行审查。如果修改文本中一部分修改是针对驳回决定或者复审通知书指出的缺陷进行，而另一部分修改未针对驳回决定或者复审通知书指出的缺陷进行，在此情形下，从节约审查程序、提高审查效率的角度出发，合议组可以在指出修改文本不符合专利法实施细则第六十一条第一款的规定的同时，针对符合专利法实施细则第六十一条第一款的部分进行审查。

第三章　无效宣告请求的审查

专利审查指南第四部分第三章的修订主要包括以下几个方面：第一，修改当事人处置原则中的部分内容；第二，对“无效宣告请求人资格”一节进行修改，增加了两种不予受理的情形；第三，修改“无效宣告请求范围以及理由和证据”一节中的部分内容；第四，修改“文件形式”一节明确要求在无效宣告程序中当事人应当一式两份地提交文件；第五，修改“委托手续”一节，进一步规范了无效宣告程序中的委托代理，并根据专利法及其实施细则的相关规定对涉外当事人的委托手续进行适应性修改；第六，修改“形式审查通知书”一节，调整补正通知书的答复期限，增加一种形式审查通知书类型；第七，增加可依职权审查的情形；第八，对外观设计专利的部分无效的情况进行修改；第九，对无效宣告程序的终止进行适应性修改。

一、关于当事人处置原则（第 2.2 节）

（一）明确请求人可以放弃无效宣告请求的范围

【修订内容】将第 2.2 节第一段“请求人可以放弃全部或者部分无效宣告理由及证据。对于请求人放弃的无效宣告理由和证据，专利复审委员会通常不再查证”修改为“**请求人可以放弃全部或者部分无效宣告请求的范围、理由及证据。对于请求人放弃的无效宣告请求的范围、理由和证据，专利复审委员会通常不再审查**”。

【修订说明】首先，该段增加了关于请求人可以放弃全部或者部分无效宣告请求的范围的规定。无效宣告请求的范围与无效宣告的理由及证据一样，理应属于当事人可以放弃的对象，在此补入予以明确。其次，根据专利法实施细则第七十二条第二款的规定，如果专利复审委员会认为根据已进行的审查工作能够作出宣告专利权无效或者部分无效的决定，即使请求人撤回其无效宣告请求，专利复审委员会仍不终止审查程序，而是作出宣告专利权无效或者部分无效的决定。由此可以推断根据专利法实施细则第七十二条第二款的精神，当请求人通过放弃无效宣告请求的范围、理由及证据的方式对其无效宣告请求进行处置时，并不是完全自由的。而修改后的“通常不再审查”可以理解为具有时间性，即针对被当事人放弃的无效宣告请求的范围、理由及证据，专利复审委员会不再进行新的审查。当然，根据专利法实施细则第七十二条第二款的精神，如果根据已进行的审查，依据被当事人放弃的无效宣告请求的范围、理由或证据能够作出宣告专利权无效或者部分无效的决定的，请求人所进行的放弃则不会产生效力。

（二）根据案情决定是否给当事人一定期限进行和解谈判

【修订内容】将第 2.2 节第二段“在无效宣告程序中，当事人有权自行与对方和解。对于请求人和专利权人均向专利复审委员会表示有和解愿望的，专利复审委员会应当给予双方当事人一定的期限进行和解，并暂缓作出审查决定，直至任何一方当事人要求专利复审委员会作出审查决定，或者专利复审委员会指定的期限已届满”中的“应当”修改为“**可以**”。

【修订说明】根据专利法实施细则第七十二条第二款的规定，在无效宣告程序中，如果专利复审委员会认为根据已进行的审查工作能够作出宣告专利权无效或者部分无效的决定，即使双方当事人达成和解协议，由请求人撤回无效宣告请求，专利复审委员会仍不终止审查程序，而是作出宣告专利权无效或者部分无效的决定。由此可见，原审查指南中，只要双方当事人均向专利复审委员会表示有和解愿望，专利复审委员会就“应当”给予双方当事人一定的期限进行和解的规定已不合时宜，因此将“应当”改为“可以”，由专利复审委员会根据具体案情决定是否给予当事人一定的期限进行和解谈判。

（三）关于无效宣告程序中专利权人处置其专利权的方式及相应的法律后果

【修订内容】将第 2.2 节第三段“在无效宣告程序中，专利权人针对请求人提出的无效宣告请求主动缩小专利权保护范围且相应的修改已被专利复审委员会接受的，视为专利权人承认大于该保护范围的权利要求自始不符合专利法及其实施细则的有关规定，并且承认请求人对该权利要求的无效宣告请求，从而免去请求人对宣告该权利要求无效这一主张的举证责任”中的“修改”改为“**修改文本**”。

将第 2.2 节第四段“在无效宣告程序中，专利权人声明放弃从属权利要求的，视为专利权人承认该权利要求自始不符合专利法及其实施细则的有关规定，并且承认请求人对该权利要求的无效宣告请求，从而免去请求人对宣告该权利要求无效这一主张的举证责任”修改为“**在无效宣告程序中，专利权人声明放弃部分权利要求或者多项外观设计中的部分项的，视为专利权人承认该项权利要求或者外观设计自始不符合专利法及其实施细则的有关规定，并且承认请求人对该项权利要求或者外观设计的无效宣告请求，从而免去请求人对宣告该项权利要求或者外观设计无效这一主张的举证责任**”。

【修订说明】上述修改明确了专利权人在无效程序中处置其专利权的两种方式：提交修改文本或者声明放弃部分项权利要求或者外观设计。

显然，在无效宣告程序中，专利权人不仅可以放弃发明和实用新型的“从属”权利要求，同样也可以声明放弃部分独立权利要求，另外，专利权人也可以对其所拥有的外观设计专利权进行处置，只要其不违背专利法实施细则第六十九条第二款所规定的不得修改外观设计专利的图片、照片和简要说明即可。因此，将“专利权人声明放弃从属权利要求”修改为“专利权人声明放弃部分权利要求或者多项外观设计中的部分项”。

二、关于无效宣告请求人资格（第3.2节）

（一）关于以不符合专利法第二十三条第三款的规定为理由请求宣告外观设计专利权无效的请求人资格

【修订内容】在第3.2节中增加无效宣告请求由于请求人不具备资格而不予受理的情形：

“**（2）以授予专利权的外观设计与他人在申请日以前已经取得的合法权利相冲突为理由请求宣告外观设计专利权无效，但请求人不能证明是在先权利人或者利害关系人的。**

其中，利害关系人是指有权根据相关法律规定就侵犯在先权利的纠纷向人民法院起诉或者请求相关行政管理部门处理的人。”

【修订说明】专利法第二十三条第三款规定，授予专利权的外观设计不得与他人在申请日以前已经取得的合法权利相冲突。如果未经在先权利人许可，外观设计专利使用了在先权利的客体，从而导致外观设计专利权的实施将会损害在先权利人的合法权利，则外观设计专利与在先权利相冲突。因此，以授予专利权的外观设计与他人在申请日以前已经取得的合法权利相冲突为理由请求宣告外观设计专利权无效的行为属于对在先取得的合法权利的行使，而权利的行使需由其权利人或者利害关系人进行，因此如果请求人不能证明是在先权利人或者利害关系人的，专利复审委员会不予受理。

（二）关于多个请求人共同提出一件无效宣告请求的规定

【修订内容】在第 3.2 节中增加不予受理的情形：

“**（4）多个请求人共同提出一件无效宣告请求的，但属于所有专利权人针对其共有的专利权提出的除外。**”

【修订说明】无效宣告程序中的各个请求人之间通常不存在共同的权利和义务关系，在无效宣告程序以及后续的司法程序中可能出现相互意见不一致的情况，从而造成混乱而难于处理。因此，参照民事诉讼中有关共同诉讼的理论及处理模式，从简化程序、方便处理的角度出发，明确规定多个请求人共同提出一件无效宣告请求的不予受理。另一方面，对于共有同一项专利权的多个专利权人，由于其存在共同的权利和义务关系，因此需要作出例外规定，允许他们针对其共有的专利权共同提出一件无效宣告请求。

三、关于无效宣告请求范围以及理由和证据（第 3.3 节）

（一）关于以不符合专利法第二十三条第三款的规定为理由请求宣告外观设计专利权无效的受理条件

【修订内容】将原审查指南第 3.3 节中“（4）以授予专利权的外观设计与他人在先取得的合法权利相冲突为理由请求宣告外观设计专利权无效，但未提交生效的能够证明外观设计专利权与商标权、著作权等在先权利相冲突的处理决定或者判决的，不予受理”修改为：“**（4）以授予专利权的外观设计与他人在申请日以前已经取得的合法权利相冲突为理由请求宣告外观设计专利权无效，但是未提交证明权利冲突的证据的，不予受理。**”

【修订说明】根据专利法实施细则第六十六条第三款的规定，以不符合专利法第二十三条第三款的规定为理由请求宣告外观设计专利权无效的，已不再要求请求人提交生效的能够证明外

第四部分

观设计专利权与在先权利相冲突的处理决定或者判决，只要提交证明权利冲突的证据即可，因此作出上述修改。

（二）进一步明确对具体说明无效宣告理由的要求

【修订内容】修订后的专利审查指南在第 3.3 节第（5）项中增加如下内容：“**对于发明或者实用新型专利需要进行技术方案对比的，应当具体描述涉案专利和对比文件中相关的技术方案，并进行比较分析；对于外观设计专利需要进行对比的，应当具体描述涉案专利和对比文件中相关的图片或者照片表示的产品外观设计，并进行比较分析。**”

【修订说明】以上修改进一步明确了对“具体说明无效宣告理由”的要求，便于公众遵照实行。

四、关于文件形式（第 3.4 节）

【修订内容】修订后的专利审查指南将第 3.4 节“无效宣告请求书应当符合规定的格式”修改为：“**无效宣告请求书及其附件应当一式两份，并符合规定的格式。**”

【修订说明】无效宣告程序属于双方当事人的程序，当事人提交的证据以及意见陈述书除了专利复审委员会需要保留一份外，还需要转送一份给对方当事人，因此为了更稳妥地保存和转送相关文件，保障无效宣告程序顺利进行，有必要明确要求在无效宣告程序中当事人应当一式两份地提交文件。

五、关于委托手续（第 3.6 节）

（一）进一步规范无效宣告程序中的委托代理

【修订内容】专利审查指南在第 3.6 节中增加一段作为第（1）项，同时相应地调整项号：

“**（1）请求人或者专利权人在无效宣告程序中委托专利代理**

机构的，应当提交无效宣告程序授权委托书，且专利权人应当在委托书中写明委托权限仅限于办理无效宣告程序有关事务。在无效宣告程序中，即使专利权人此前已就其专利委托了在专利权有效期内的全程代理并继续委托该全程代理的机构的，也应当提交无效宣告程序授权委托书。”

【修订说明】无效宣告程序是一个独立的程序，当事人在此程序中委托专利代理机构的，应当提交委托书并写明权限。对于专利权人来说，其在申请阶段委托的全程代理并不自然延及无效宣告程序，如果专利权人需要继续委托上述全程代理的机构处理无效宣告相关事宜的，仍应当提交无效宣告程序授权委托书。

（二）对涉外当事人的委托手续进行适应性修改

【修订内容】专利审查指南将第3.6节原第（3）项“对于根据专利法第十九条第一款规定应当委托国家知识产权局指定的专利代理机构的请求人，未按规定委托的，专利复审委员会应当通知请求人在指定期限内补正；未在指定期限内补正的，其无效宣告请求视为未提出；在指定期限内补正不合格的，其无效宣告请求不予受理”调整为第（4）项，并将其修改为：**“对于根据专利法第十九条第一款规定应当委托专利代理机构的请求人，未按规定委托的，其无效宣告请求不予受理。”**

【修订说明】按照专利法第十九条第一款的规定，在中国没有经常居所或者营业所的外国人、外国企业或者外国其他组织在中国申请专利和办理其他专利事务的，应当委托依法设立的专利代理机构办理。同时，专利法实施细则第六十六条第一款规定无效宣告请求不符合专利法第十九条第一款规定的，专利复审委员会不予受理。

原专利法及其实施细则中对无效宣告请求人属于应当委托专利代理机构而未按规定进行委托时缺少相应的罚则，审查实践中按照原审查指南的规定进行处理，发出补正通知书要求复审请求

第四部分

人进行补正，针对不同的补正情况，最终出现了“无效宣告请求视为未提出”和“无效宣告请求不予受理”两种不同的处理结果。

本节根据修订后的专利法实施细则第六十六条第一款进行了适应性修改，对于无效宣告请求人属于应当委托专利代理机构而未按规定进行委托的，专利复审委员会不再发出补正通知书，直接依据专利法实施细则第六十六条第一款对无效宣告请求不予受理，同时在不予受理通知书中说明相应的理由，从而简化了处理程序。

（三）明确在无效宣告程序中需要获得当事人特别授权的事项

【修订内容】专利审查指南在第 3.6 节增加一段作为第（7）项：

“**（7）对于下列事项，代理人需要具有特别授权的委托书：**

（i）专利权人的代理人代为承认请求人的无效宣告请求；

（ii）专利权人的代理人代为修改权利要求书；

（iii）代理人代为和解；

（iv）请求人的代理人代为撤回无效宣告请求。”

【修订说明】这些事项涉及当事人重大权利的处分，理应获得当事人的特别授权。在审查实践中上述规定已经试行，现将其纳入专利审查指南，便于公众遵照执行。

六、关于形式审查通知书（第 3.7 节）

（一）关于补正通知书的答复期限

【修订内容】专利审查指南将第 3.7 节第（1）项中的“专利复审委员会应当发出补正通知书，要求请求人在收到通知书之日起一个月内补正”修改为“专利复审委员会应当发出补正通知书，要求请求人在收到通知书之日起**十五日**内补正”。

【修订说明】为了避免无效宣告案件受理时间过长，使无效宣告案件尽早进入无效宣告程序并缩短整个程序的审查周期，同时考虑到无效宣告程序中当事人针对实体问题的答复期限也仅为一个月，涉及形式缺陷的补正通知书相对容易答复，因此将补正通知书的答复期限由一个月修改为十五日。

（二）关于无效宣告请求需等待在先决定生效而暂时无法审查时的处理

【修订内容】专利审查指南在第3.7节中增加第（4）项：“**（4）受理的无效宣告请求需等待在先作出的专利权无效或部分无效的审查决定生效而暂时无法审查的，专利复审委员会应当发出通知书通知请求人和专利权人；在先审查决定生效或者被人民法院生效判决予以撤销后，专利复审委员会应当及时恢复审查。**”

【修订说明】受理的无效宣告请求需等待在先作出的专利权无效或部分无效的审查决定生效而暂时无法审查时，对于在后的无效宣告请求人来说，可能并不知晓上述情况，从而对专利复审委员会审查效率产生误解。为了避免这种不必要的误解，专利审查指南规定在这种情况下专利复审委员会应当发出通知书通知请求人和专利权人。

七、关于依职权审查（第4.1节）

【修订内容】专利审查指南对第4.1节中“专利复审委员会在下列情形可以依职权进行审查”第（1）项进行修改，将其中的“允许其变更为相对应的无效宣告理由”修改为“**允许其变更或者依职权变更为相对应的无效宣告理由**”；同时增加：“**例如，请求人提交的证据为同一专利权人在专利申请日前申请并在专利申请日后公开的中国发明专利文件，而无效宣告理由为不符**

合专利法第九条第一款的，专利复审委员会可以告知请求人专利法第九条第一款和第二十二条第二款的含义，允许其将无效宣告理由变更为该专利不符合专利法第二十二条第二款，或者依职权将无效宣告理由变更为该专利不符合专利法第二十二条第二款”，并删除相应的原内容。

另外，在调整顺序编号的同时，增加以下各项：

“**（2）专利权存在请求人未提及的明显不属于专利保护客体的缺陷，专利复审委员会可以引入相关的无效宣告理由进行审查。**”

“**（4）请求人请求宣告权利要求之间存在引用关系的某些权利要求无效，而未以同样的理由请求宣告其他权利要求无效，不引入该无效宣告理由将会得出不合理的审查结论的，专利复审委员会可以依职权引入该无效宣告理由对其他权利要求进行审查。例如，请求人以权利要求1不具备新颖性、从属权利要求2不具备创造性为由请求宣告专利权无效，如果专利复审委员会认定权利要求1具有新颖性，而从属权利要求2不具备创造性，则可以依职权对权利要求1的创造性进行审查。**

（5）请求人以权利要求之间存在引用关系的某些权利要求存在缺陷为由请求宣告其无效，而未指出其他权利要求也存在相同性质的缺陷，专利复审委员会可以引入与该缺陷相对应的无效宣告理由对其他权利要求进行审查。例如，请求人以权利要求1增加了技术特征而导致其不符合专利法第三十三条的规定为由请求宣告权利要求1无效，而未指出从属权利要求2也存在同样的缺陷，专利复审委员会可以引入专利法第三十三条的无效宣告理由对从属权利要求2进行审查。

（6）请求人以不符合专利法第三十三条或者专利法实施细则第四十三条第一款的规定为由请求宣告专利权无效，且对修改超出原申请文件记载范围的事实进行了具体的分析和说明，但未

提交原申请文件的，专利复审委员会可以引入该专利的原申请文件作为证据。”

【修订说明】专利权虽然是一种私权，但它同时也是通过行政授权产生并对整个社会具有特定约束力的权利。专利法实施细则第七十二条第二款出于维护社会公平和公众合法权益的考虑，规定：在无效宣告程序中，对于请求人撤回其请求或请求视为撤回的，如果在复审委员会已进行的审查工作的基础上能够宣告专利权无效或部分无效，专利复审委员会不终止程序，继续作出宣告其无效的审查决定。与此相适应，基于专利法实施细则第七十二条第二款的精神，通过修改审查指南，增加专利复审委员会可以依职权进行审查的情形。但请求原则依然是无效宣告程序的基本原则，专利复审委员会的依职权审查是建立在请求原则的基础上针对专利权存在的明显缺陷进行的。

具体地，对于情形（1），原审查指南规定合议组只能行使释明权，最终是否变更理由的决定权依然在当事人。如果专利权明显不能成立，只是由于请求人提出的无效宣告理由与证据不相对应就维持专利权有效，则显然与专利法实施细则第七十二条第二款所体现的专利复审委员会应当在无效宣告程序中维护公共利益的精神不符。因此，本次专利审查指南修订规定，在此情形下，专利复审委员会可以依职权将其变更为相对应的无效宣告理由。此外，根据修改后的专利法第九条和第二十三条的规定，情形（1）中原举的例子已不准确，因此进行相应的修改。

基于专利制度的根本属性和国家的政策导向，专利法对专利保护客体进行了限制。如果已授权的专利中存在明显不属于专利保护客体的缺陷，即明显违反专利法第二条、第五条或第二十五条的规定，则可能降低社会公众对专利制度的认同程度，并对公共利益产生较大影响，因此增加可以依职权进行审查的情形（2），允许专利复审委员会针对请求人未提及的明显不属于专利保护客体的缺陷依职权引入相关无效宣告理由进行审查。

另外，如果在请求人针对部分权利要求提出的无效宣告理由成立的基础上，通过简单的逻辑分析就可以得出具有引用关系的、未以相同理由被请求宣告无效的权利要求也存在同样的缺陷，为了提高专利授权质量，维护公共利益，增加可以依职权进行审查的情形（4）和（5）。

最后，由于专利原始申请文件保存于专利审查档案中，为了方便当事人，提高行政效率，允许专利复审委员会在请求人对修改超范围的事实进行了具体的分析和说明的情况下，可以依职权引入该专利原始申请文件并以此为证据。显然，该情形的规定对于涉及发明专利权的无效宣告请求更有现实意义，因为请求人可以通过获取发明专利申请的公布文件来初步举证，从而做到对修改超范围的事实进行具体的分析和说明。

八、关于外观设计专利的部分无效（第5节）

【修订内容】专利审查指南在第5节第三段的内容："对于包含有若干个具有独立使用价值的产品的外观设计专利，如果请求人针对其中一部分产品的外观设计专利的无效宣告理由成立，针对其余产品的外观设计专利的无效宣告理由不成立，则无效宣告请求审查决定应当宣告无效宣告理由成立的该部分产品外观设计专利无效，并且维持其余产品的外观设计专利有效"后增加**"例如，对于包含有同一产品两项以上的相似外观设计的一件外观设计专利，如果请求人针对其中部分项外观设计的无效宣告理由成立，针对其余外观设计的无效宣告理由不成立，则无效宣告请求审查决定应当宣告无效宣告理由成立的该部分项外观设计无效，并且维持其余外观设计有效。"**

【修订说明】专利法第三十一条第二款规定，同一产品两项以上的相似外观设计可以作为一件申请提出。对于这样的外观设计专利申请，专利法实施细则规定，应当在简要说明中指定其中一项作为基本设计，且其他设计应当与基本设计相似。由此可知，包含有同一产品两项以上的相似外观设计的一件外观设计专利应当以基本设计为核心，其他设计均与其相似。但由于专利法第三十一条并不是无效宣告的理由，对于基本设计和其他设计之间是否存在依附关系，能否部分无效，需要予以明确。另外，包含有同一产品两项以上的相似外观设计的外观设计专利属于包含有若干个具有独立使用价值的产品的外观设计专利的特例，该处的“同一产品”应理解为“同一种产品”。因此专利审查指南在第5节通过举例的方式明确在获得授权以后，包含有同一产品两项以上的相似外观设计的外观设计专利中的各项外观设计如果都是独立的，可以被部分无效。

九、关于无效宣告程序的终止（第7节）

（一）根据专利法实施细则第七十二条第二款的规定，对无效宣告程序的终止进行适应性修改

【修订内容】修订后的专利审查指南在第7节原第一段前增加：“**请求人在专利复审委员会对无效宣告请求作出审查决定之前，撤回其无效宣告请求的，无效宣告程序终止，但专利复审委员会认为根据已进行的审查工作能够作出宣告专利权无效或者部分无效的决定的除外。**

请求人未在指定的期限内答复口头审理通知书，并且不参加口头审理，其无效宣告请求被视为撤回的，无效宣告程序终止，但专利复审委员会认为根据已进行的审查工作能够作出宣告专利权无效或者部分无效的决定的除外。”

【修订说明】根据专利法实施细则第七十二条第二款的规定进行上述适应性修改。

（二）删除专利权人自申请日起放弃专利权而导致无效宣告程序终止的情形

【修订内容】修订后的专利审查指南将第7节中的下述内容删除："针对一项专利权不符合专利法实施细则第十三条第一款的无效宣告理由，专利权人自申请日起放弃该专利权的，无效宣告程序终止。"

【修订说明】原审查指南规定，专利权人为克服重复授权可以选择自申请日起放弃专利权。该规定与修订后的专利法及其实施细则的规定已不相吻合，根据修订后的专利法及其实施细则的规定，专利权人只有在特定的情况下才可以在属于同样的发明创造的实用新型和发明两项专利权之间选择放弃实用新型专利权，而且在该特定情况下已不再需要专利权人自申请日起放弃实用新型专利权，具体规定可参见修订后的专利审查指南第四部分第七章关于无效宣告程序中对于同样的发明创造的处理的规定。另外，放弃专利权只能是全部放弃，而无效宣告程序可以作出部分无效的决定，其操作更为灵活、方便，因此允许专利权人在无效宣告程序中可以选择从申请日起放弃专利权已没有实际意义，修订后的专利审查指南删除这种无效宣告程序终止的情形。

第四章　复审和无效宣告程序中有关口头审理的规定

专利审查指南第四部分第四章的修订主要包括以下两个方面：第一，根据专利法实施细则的相关规定对第3节口头审理的通知进行适应性修改；第二，对口头审理的记录一节中的部分内容进行修改。

一、关于口头审理的通知（第3节）

【修订内容】将第3节第一段中“无效宣告请求人期满未提交回执，并且不参加口头审理的，其无效宣告请求视为撤回”修改为“**无效宣告请求人期满未提交回执，并且不参加口头审理的，其无效宣告请求视为撤回，无效宣告请求审查程序终止。但专利复审委员会认为根据已进行的审查工作能够作出宣告专利权无效或者部分无效的决定的除外**”。

【修订说明】根据专利法实施细则第七十二条第二款的规定进行适应性修改。

二、关于口头审理的记录（第11节）

【修订内容】将第11节第一段中“除笔录外，必要时合议组还可以在事先声明的情况下使用录音、录像设备进行记录”修改为“**除笔录外，合议组还可以使用录音、录像设备进行记录**”。

【修订说明】口头审理厅安装有多媒体记录设备，专利复审委员会采用该设备记录口头审理将成为常态，故对原审查指南的相关内容进行调整。

第四部分

第五章　无效宣告程序中外观设计专利的审查

专利法第三次修改包括对规范外观设计专利授权标准的第二十三条进行了大幅修改，由于该条款是外观设计专利无效宣告审查程序中涉及的条款，故修订后的专利审查指南对第四部分第五章（下称本章）也作出大幅调整。同时，针对专利法第九条的修订也制定了相应规定。修订后的专利审查指南本章共分九节，依次为：引言、现有设计、判断客体、判断主体、根据专利法第二十三条第一款的审查、根据专利法第二十三条第二款的审查、根据专利法第二十三条第三款的审查、根据专利法第九条的审查以及外观设计优先权的核实。其中，第3节判断客体和第9节优先权的核实只是针对修订后的专利法及其实施细则作了适应性修订，其余七节是将原审查指南的本章进行拆分，加入新内容重新撰写的。

一、关于引言（第1节）

【修订内容】删除了原引言的内容。修订后的专利审查指南规定：“**本章主要涉及外观设计专利无效宣告请求程序中有关专利法第二十三条和第九条的审查。关于外观设计专利无效宣告请求涉及的其他条款的审查，适用本指南第一部分第三章的相关规定。**”

【修订说明】删除原引言内容，目的在于从体例和内容上与其他章节保持统一。首先，明确本章审查规范主要适用的法律条款。其次，由于修订后专利法实施细则第六十五条规定的外观设计专利的无效宣告理由，除了专利法第二十三条和第九条外还有其他条款，因此，进一步明确其他条款的审查应适用修订后的专利审查指南章节。

二、关于现有设计（第2节）

【修订内容】本节为新增内容。对“**现有设计**”作出规定，并明确“**惯常设计**”的概念，即“**一般消费者所熟知的、只要提到产品名称就能想到的相应设计**”。

【修订说明】根据修改后专利法第二十三条第四款的规定，在该节对现有设计审查的适用标准从时间界限及地域范围给出指引；明确了惯常设计的概念，目的在于规范这一概念的使用。

三、关于判断客体（第3节）

【修订内容】删除在先客体及在后客体概念，将相关时间界限及地域范围审查标准的指引内容移入本章第2节。并且，分别以“**对比设计**”和“**涉案专利**”用语代替原审查指南的“在先设计”和“被比设计”。

【修订说明】本节内容是在原审查指南第2节“判断客体”基础上修订而成。根据修改后专利法第五十九条第二款规定作适应性修改，考虑到审查实务中引用的方便性，简化相关表述。同时，为适应修改后专利法第九条对相关用语的引用，专利审查指南将相关用语进行替换。

四、关于判断主体（第4节）

【修订内容】增加“**及其常用设计手法具有常识性的了解**”，以及“**常用设计手法包括设计的转用、拼合、替换等类型**”。

【修订说明】本节是在原审查指南第3节“判断主体”内容基础上修订而成。针对专利法第二十三条第二款规定的审查标准，进一步明确外观设计专利性判断主体的知识水平。由于判断主体规定的是一个虚拟人的概念，不是现实生活中的普通消费者，因此，仍以一般消费者冠名。原审查指南第4节“判断原则”的主要内容移入本章第6节。

五、关于根据专利法第二十三条第一款的审查（第5节）

根据修改后专利法第二十三条第一款的规定，在本节增加“**不属于现有设计**”和“**同样的外观设计**”的规定，并通过对相同及实质相同概念的界定，明确二者的审查标准；同时，参照发明专利的相应规定，引入“**抵触申请**”的概念及审查内容。另外，本节对原审查指南第5节“判断方式”做适应性修改后保留在本章第5.2节“判断方式”中；将原审查指南第6.3节、第6.4节及第6.5节内容做适应性修改后合并为本章第5.2.6节“**设计要素的判断**”。

（一）关于“不属于现有设计”，“同样的外观设计”和“抵触申请”（第5节）

【修订内容】本节为新增内容。修订后的专利审查指南规定：“**不属于现有设计，是指在现有设计中，既没有与涉案专利相同的外观设计，也没有与涉案专利实质相同的外观设计。**”“**同样的外观设计是指外观设计相同或者实质相同。**”同时，增加“**抵触申请**”的概念，并明确其审查标准。

【修订说明】在对上述几个相关概念进行界定时，主要基于立法本意，考虑禁止重复授权的外观设计的合理范围以及与发明和实用新型标准保持一致，还适当兼顾了现有设计抗辩中无可争辩的客观情形，尽量使得第一款的执行更加客观，标准易于统一。

（二）关于外观设计相同的判断（第5.1.1节）

【修订内容】本节为新增内容。修订后的专利审查指南规

第四部分

定：“**外观设计相同，是指涉案专利与对比设计是相同种类产品的外观设计，并且涉案专利的全部外观设计要素与对比设计的相应设计要素相同，其中外观设计要素是指形状、图案以及色彩。**”同时规定了“外观设计相同”包括未导致产品外观设计整体变化的三种情况，即常用材料的替换；仅存在产品功能、内部结构、技术性能的不同；仅存在尺寸的不同。

【修订说明】对外观设计相同的概念进行界定。为进一步界定实质相同和明显区别奠定基础。其中，由于产品种类相同的判断方式仍适用原审查指南本章第6.1节的内容。并且，由于外观设计相同未导致产品外观设计整体变化的三种情况，适用原审查指南本章第4节第（4）、（5）、（6）项的三个考虑因素，因此，将上述两节的相应规定作适应性修改后合并，移至修订后的专利审查指南本节中。

（三）关于外观设计实质相同的判断（第5.1.2节）

【修订内容】本节为新增内容。修订后的专利审查指南新增规定、“**外观设计实质相同的判断仅限于相同或者相近种类的产品外观设计。**”

“**如果一般消费者经过对涉案专利与对比设计的整体观察可以看出，二者的区别仅属于下列情形，则涉案专利与对比设计实质相同：**

（1）其区别在于施以一般注意力不能察觉到的局部的细微差异，例如，百叶窗的外观设计仅有具体叶片数不同；

（2）其区别在于使用时不容易看到或者看不到的部位，但有证据表明在不容易看到部位的特定设计对于一般消费者能够产生引人瞩目的视觉效果的情况除外；

（3）其区别在于将某一设计要素整体置换为该类产品的惯常设计的相应设计要素，例如，将带有图案和色彩的饼干桶的形状由正方体置换为长方体；

（4）其区别在于将对比设计作为设计单元按照该种类产品的常规排列方式作重复排列或者将其排列的数量作增减变化，例如，将影院座椅成排重复排列或者将其成排座椅的数量作增减；

（5）其区别在于互为镜像对称。”

【修订说明】实质相同包括几层含义：第一，实质相同的判断是整体观察，不是局部观察。第二，实质相同的判断仅限于相同或者相近种类产品的外观设计之间。第三，在形态上，实质相同包括五种情形，在实践中，这五种情形不一定仅存在一种，可能会有两种情形同时存在，尤其是第（1）种情形与其他情形的竞合。另外，由于产品种类相近的判断适用原审查指南本章第6.2节的内容，因此将相应规定作适应性修改后移至本节。值得注意的是，第（1）、（2）、（3）种情形与修订后的专利审查指南本章第6节规定的修订后专利法第二十三条第二款第（1）种情形规定的几种情形相比，在程度上是不同的。实质相同的几种情形实质上是带有明确结果的情形，而在第二款第（1）种情形中只是给出了几种情形判断的大原则，并没有以明确的结果作为判断前提。例如，实质相同的第（2）种情形，外观设计的“差别”应当是在“使用时不容易看到或者看不到的部位”，即使用时可见部位或易见部位的设计应当是相同的，或者即使有差别也应当是一般消费者以一般注意力不能够察觉的；又如，实质相同的第（1）种情形规定的“区别”是“不能察觉”的，比第二款规定的“不易察觉”应当更趋近于相同，是毫无争议的不具有专利性的情形；再如，实质相同的第（3）种情形关于惯常设计的规定，主要考虑经整体观察，如果两项外观设计的差别仅在于涉案专利的某一设计要素是惯常设计（惯常形状或者惯常图案）的替换，那么这种外观设计被授予专利权显然是不符合专利法立法宗旨的。在判断中关键是对于惯常设计的认定，其概念在本章第2节中有相应定义。涉案专利与对比设计比较，如果不符合实质相同的几个前提条件，则只能适用第二款的规定，进行是否具有明显区别的判断。总的来说，与现有设计实质相同的外观设计是明显的对现有设计修修补补而形成的，应当属于明显的不应享有专利权的外观设计。

六、关于根据专利法第二十三条第二款的审查（第6节）

【修订内容】本节针对第二十三条第二款规定的“明显区别”规范了三种情形，即“**涉案专利与现有设计或者现有设计特征的组合相比不具有明显区别是指如下几种情形：**

（1）涉案专利与相同或者相近种类产品现有设计相比不具有明显区别；

（2）涉案专利是由现有设计转用得到的，二者的设计特征相同或者仅有细微差别，且该具体的转用手法在相同或者相近种类产品的现有设计中存在启示；

（3）涉案专利是由现有设计或者现有设计特征组合得到的，所述现有设计与涉案专利的相应设计部分相同或者仅有细微差别，且该具体的组合手法在相同或者相近种类产品的现有设计中存在启示。

对于涉案专利是由现有设计通过转用和组合之后得到的，应当依照（2）、（3）所述规定综合考虑。

应当注意的是，上述转用和/或组合后产生独特视觉效果的除外”。

【修订说明】修改后的专利法第二十三条不再以“相同并且相近似”为外观设计专利性的判断用语。根据修改后专利法第二十三条的立法初衷，属于修改前专利法所述的“相近似”的情形被拆分成两部分，更接近相同或者明显不具有专利性的一部分情形在第一款中进行规范，其余部分属于第二款“明显区别”规范的内容。第二款规定的“明显区别”的另两种情形是通常所说的转用的情形和简单组合的情形（包括替换和拼合两种情形）。这两种情形是本次专利法修订新增内容，也是本次专利法修订提高外观设计专利授权标准的标志。

（一）关于与相同或者相近种类产品现有设计对比（第 6.1 节）

【修订内容】本节以原审查指南第 4 节“判断原则”部分为基础修订撰写而成。增加针对简要说明中的设计要点的规定，即“**应当注意的是，外观设计简要说明中设计要点所指设计并不必然对外观设计整体视觉效果具有显著影响，不必然导致涉案专利与现有设计相比具有明显区别**”。删除原审查指南第 6.1 节“外观设计相同的判断”及第 6.2 节“外观设计相近似的判断”内容。

【修订说明】“不具有明显区别”的第（1）种情形，即涉案专利与相同或相近种类产品外观设计单独进行比较，放在本章第 6.1 节进行规范。该部分内容是对原审查指南第四部分第五章第 4 节“判断原则”部分内容的继承。除了将原有的“尺寸的变化”“材料的替换”以及“产品的功能、内部结构以及技术性能”等几种情形移入第 5 节“外观设计相同”的规定中，其余的情形基本保留在“明显区别”这种情形中进行规范。

另外，根据修改后专利法第五十九条第二款的规定，专利审查指南作适应性修订，即在该部分对简要说明中设计要点的作用进行了明确，即整体观察、综合判断是外观设计单独对比的总原则，只有当设计要点确实是视觉瞩目的设计，对整体视觉效果产生显著影响时，才能据以判断得出结论。

（二）关于现有设计的转用、现有设计及其特征的组合（第 6.2 节）

1. 关于判断方法（第 6.2.1 节）

【修订内容】本节为新增内容。修订后的专利审查指南规定："在判断现有设计的转用以及现有设计及其特征的组合时，通常可以按照以下步骤进行判断：

（1）确定现有设计的内容，包括形状、图案、色彩或者其结合；

（2）将现有设计或者现有设计特征与涉案专利对应部分的设计进行对比；

（3）在现有设计或者现有设计特征与涉案专利对应部分的设计相同或者仅存在细微差别的情况下，判断在与涉案专利相同或者相近种类产品的现有设计中是否存在具体的转用和/或组合手法的启示。

如果存在上述启示，则二者不具有明显区别。产生独特视觉效果的除外。"

【修订说明】"现有设计的转用、现有设计及其特征的组合"是第三次专利法修改新增授权标准，修订后的专利审查指南增加了相应的审查内容，经对国际上相关审查基准的研究，确定相关判断方法。明确设计手法启示的重要性，同时规定了在特殊情况下，即现有设计或者现有设计特征的转用或者组合产生了独特视觉效果时，可以特殊考虑。

2. 关于现有设计的转用（第6.2.2节）

【修订内容】本节为新增内容。修订后的专利审查指南规定："转用，是指将产品的外观设计应用于其他种类的产品。模仿自然物、自然景象以及将无产品载体的单纯形状、图案、色彩或者其结合应用到产品的外观设计中，也属于转用。

以下几种类型的转用属于明显存在转用手法的启示的情形，由此得到的外观设计与现有设计相比不具有明显区别：

（1）单纯采用基本几何形状或者对其仅作细微变化得到的外观设计；

（2）单纯模仿自然物、自然景象的原有形态得到的外观

设计；

（3）单纯模仿著名建筑物、著名作品的全部或者部分形状、图案、色彩得到的外观设计；

（4）由其他种类产品的外观设计转用得到的玩具、装饰品、食品类产品的外观设计。

上述情形中产生独特视觉效果的除外。”

【修订说明】“不具有明显区别”的第二种情形，即涉案专利是由现有设计转用得到的，二者的设计特征相同（包括仅有细微差别），这里所指的细微差别是指施以一般注意力几乎不能察觉的不同点，二者形态应当是基本相同的。该种情形属于与不相同且不相近种类产品一对一单独比较不具有明显区别的情形。

转用前后的产品种类应当与给出启示的现有设计种类是相同或相近的。例如现有设计是将篮球造型转用为座椅设计，涉案专利是将键盘按键造型转用为座椅设计，不能视为现有设计给出了启示。因为，篮球和键盘的按键不是相同或相近种类产品。但是，如果现有设计是将篮球造型转用为座椅设计，涉案专利是将橄榄球造型转用为座椅设计，则这情形就应视为已有现有设计的启示了。

另外，单纯采用几何形状和模仿自然物、自然景象得到的外观设计的判断，应当是原封不动地模仿造型，如果有创新性设计内容，例如通过对特征的提炼得到造型完全不同于原有形态的外观设计，则不属于相应情形。

根据第6.2.1节规定，具体的转用手法在相同或者相近种类产品的现有设计中应当存在启示。但是，某些产品的转用手法已经成为生活中司空见惯的设计方法，因此，在本节列举了无须举证转用启示的四种情形。

3. 关于现有设计及其特征的组合（第6.2.3节）

【修订内容】本节为新增内容，修订后的专利审查指南规定："组合包括拼合和替换，是指将两项或者两项以上设计或者设计特征拼合成一项外观设计，或者将一项外观设计中的设计特征用其他设计特征替换。以一项设计或者设计特征为单元重复排列而得到的外观设计属于组合设计。上述组合也包括采用自然物、自然景象以及无产品载体的单纯形状、图案、色彩或者其结合进行的拼合和替换。"同时，列举了三种已经公知的组合手法，即：

"（1）将相同或者相近种类产品的多项现有设计原样或者作细微变化后进行直接拼合得到的外观设计。例如，将多个零部件产品的设计直接拼合为一体形成的外观设计。

（2）将产品外观设计的设计特征用另一项相同或者相近种类产品的设计特征原样或者作细微变化后替换得到的外观设计。

（3）将产品现有的形状设计与现有的图案、色彩或者其结合通过直接拼合得到该产品的外观设计；或者将现有设计中的图案、色彩或者其结合替换成其他现有设计的图案、色彩或者其结合得到的外观设计。"

【修订说明】"不具有明显区别"的第三种情形是指涉案专利是由现有设计或者现有设计特征组合得到的，所述现有设计与涉案专利的相应设计部分相同（包括仅有细微差别），这里所指的细微差别也是指施以一般注意力几乎不能察觉的不同点，二者形态应当是基本相同的。该节规定，外观设计的组合包括拼合和替换两种类型。同样，具体的组合手法在相同或者相近种类产品的现有设计中应存在启示，即组合前后的产品种类应当与给出启示的现有设计产品种类是相同或相近的。对于列举的已经公知的三种组合手法，不需要举证已有组合启示。其中，前两项限于相同或相近种类产品，第（3）项则不限于相同或相近种类产品。

4. 关于独特视觉效果（第6.2.4节）

【修订内容】本节为新增内容。修订后的专利审查指南新增

第四部分

规定：“**外观设计如果具有独特视觉效果，则与现有设计或者现有设计特征的组合相比具有明显区别。**”关于独特视觉效果，本节规定是指“**涉案专利相对于现有设计产生了预料不到的视觉效果**”。

【修订说明】针对上述转用和组合的几种情形，在修订后的本章第 6.2.2 节及第 6.2.3 节均规定了特殊情形，即“上述情形中产生独特视觉效果的除外”，这是指极其特殊的情况下。本节针对不具有独特视觉效果进行了明确规定。

七、关于根据专利法第二十三条第三款的审查（第 7 节）

【修订内容】本节为新增内容。修订后的专利审查指南新增规定：“**一项外观设计专利权被认定与他人在申请日（有优先权的，指优先权日）之前已经取得的合法权利相冲突的，应当宣告该项外观设计专利权无效。**”

【修订说明】根据修改后专利法第二十三条第三款及专利法实施细则第六十六条第三款的规定，生效的行政决定和司法判决不再作为以权利冲突为由提起外观设计专利无效宣告请求的必要受理文件。因此，无效宣告请求的审查将会涉及与外观设计专利有关的权利冲突审查的实体内容。修订后的专利审查指南本章第 7 节是与该条款配套的具体审查规定。

（一）关于与外观设计专利权相关的权利冲突的几个概念的界定

1. 关于相冲突

【修订内容】修订后的专利审查指南规定：“**相冲突，是指未经权利人许可，外观设计专利使用了在先合法权利的客体，从而导致专利权的实施将会损害在先权利人的相关合法权利或者权益。**”

【修订说明】“相冲突”采用了业内比较认同的主流观

点——即发侵权理论。因此，根据不同在先权利的类型有相应的判断标准，但“未经在先权利人许可”是认定外观设计与在先权利相冲突的前提条件。本节还规定，一旦认定专利中某项外观设计与在先权利相冲突，即被宣告无效，而不能通过修改的方式宣告该项专利权部分无效。

2. 关于合法权利

【修订内容】修订后的专利审查指南规定：“**合法权利，是指依照中华人民共和国法律享有并且在涉案专利申请日仍然有效的权利或者权益。包括商标权、著作权、企业名称权（包括商号权）、肖像权以及知名商品特有包装或者装潢使用权等。**”

【修订说明】关于合法权利的界定，参照《最高人民法院关于审理专利纠纷案件适用法律问题的若干规定》的司法解释（法释〔2001〕21号）第十六条的规定：“专利法第二十三条所称的在先取得的合法权利包括商标权、著作权、企业名称权、肖像权、知名商品特有包装或者装潢使用权等。”本章第7节列举了上述五种权利（权益），但这是一个开放式的列举，不限于这五种权利（权益）。

3. 关于证明权利冲突的证据

【修订内容】修订后的专利审查指南规定：“**在无效宣告程序中请求人应就其主张进行举证，包括证明其是在先权利的权利人或者利害关系人以及在先权利有效。**”

【修订说明】修订后的专利法实施细则第六十六条第三款规定：“以不符合专利法第二十三条第三款的规定为理由请求宣告外观设计专利权无效，但是未提交证明权利冲突的证据的，专利复审委员会不予受理。”所述“证据”主要包括三类，即证明请求人与在先权利的关系的证据（在专利审查指南第四部分第三章第3.2节也有相应规定，即证明其是在先权利人或利害关系人）；在先权利在涉案专利申请日有效性的证据；当然，也可以是生效的在先判决或决定。

（二）关于在先权利为商标权的审查（第7.1节）

【修订内容】修订后的专利审查指南规定：“**在先商标权是指在涉案专利申请日之前，他人在中华人民共和国法域内依法受到保护的商标权。未经商标所有人许可，在涉案专利中使用了与在先商标相同或者相似的设计，专利的实施将会误导相关公众或者导致相关公众产生混淆，损害商标所有人的相关合法权利或者权益的，应当判定涉案专利权与在先商标权相冲突。**

在先商标与涉案专利中含有的相关设计的相同或者相似的认定，原则上适用商标相同、相似的判断标准。

对于在中国境内为相关公众广为知晓的注册商标，在判定权利冲突时可以适当放宽产品种类。”

【修订说明】认定涉案专利与在先商标权相冲突，应满足几个条件：第一，未经在先权利人许可。第二，涉案专利使用的相关设计与在先商标构成了相同或相似，关键是误导相关公众或导致产生混淆，从而使得专利的实施将会损害商标权利人的合法权益。

由于相冲突的判定采用即发侵权的判断原则，因此，相冲突的判定标准应当与在先商标权侵权判定标准一致。另外，对于事实上广为中国相关公众知晓的注册商标，采用了驰名注册商标的保护方式。但是，这种判定会比驰名商标的判定标准严格得多。因此，这里没有援用驰名商标这一概念。只是基于事实认定，给出判断结论。

（三）关于在先权利为著作权的审查（第7.2节）

【修订内容】修订后的专利审查指南规定：“**在先著作权，是指在涉案专利申请日之前，他人通过独立创作完成作品或者通**

过继承、转让等方式合法享有的著作权。其中作品是指受中华人民共和国著作权法及其实施条例保护的客体。

在接触或者可能接触他人享有著作权的作品的情况下，未经著作权人许可，在涉案专利中使用了与该作品相同或者实质性相似的设计，从而导致涉案专利的实施将会损害在先著作权人的相关合法权利或者权益的，应当判定涉案专利权与在先著作权相冲突。”

【修订说明】著作权的合法享有包括独立创作、继承、转让等方式取得。认定涉案专利与在先著作权构成冲突，必须具备三个要素：第一，未经在先著作权人许可。第二，涉案专利的设计人或专利权人等相关人员在本专利申请日前有可能接触在先著作权作品。第三，涉案专利中的相关设计与在先著作权作品构成了实质性相似。

八、关于根据专利法第九条的审查（第8节）

【修订内容】本节为新增内容。修订后的专利审查指南规定：“**专利法第九条所述的同样的发明创造对于外观设计而言，是指要求保护的产品外观设计相同或者实质相同。对比时应当将所有设计要素进行整体对比。**

涉案专利包含多项外观设计的，应当将每项外观设计分别与对比设计进行对比。如果涉案专利中的一项外观设计与另一件专利中的一项外观设计相同或者实质相同，应当认为它们是同样的发明创造。”

【修订说明】修订后的专利审查指南本章本节与第5节均针对修改后的专利法第九条所述的“同样的发明创造”（对于外观设计而言）作出了明确规定，目的在于强调属于同样的发明创造的外观设计的含义。这样，专利法第九条所述的同样的发明创造（对于外观设计而言）、第二十三条第一款所述的“属于现有设计”以及“同样的外观设计”都是对两项外观设计是否构成相同或实质相同的判断。但是，在适用专利法第二十三条第一款及第九条进行比较判断时，其客体的比较范围有所不同。前者是将涉案专利的全部外观设计内容与对比设计（现有设计）的相应设计内容进行比较。而后者是以两项外观设计全部设计内容进行比较，只有全部外观设计内容都相同时才能认定二者相同。为明确此差别，新增本节进行规范。

九、关于外观设计优先权的核实（第9节）

【修订内容】需要核实优先权的情形增加了“**涉案专利与对比设计或其特征的组合相比不具有明显区别**”的情形，同时规定：“如果中国在后申请要求保护的外观设计与其在外国首次申请中的图片或者照片不完全一致，**或者在后申请文本中有简要说明而在先申请文本中无相关简要说明**，但根据两者的申请文件可知，所述在后申请要求保护的外观设计已经清楚地表示在所述外国首次申请中，则可认定中国在后申请要求保护的外观设计与其在外国首次申请的外观设计主题相同，可以享有优先权。”

【修订说明】根据专利法第二十三条第二款及专利法实施细则第三十一条第四款的规定，专利审查指南做适应性修订。

第六章　无效宣告程序中对于同样的发明创造的处理

本章涉及对专利审查指南第四部分第七章修订的解释。

专利审查指南第四部分第七章的修订主要包括如下几个方面：第一，修改引言部分，明确专利法第九条、第二十二条和第二十三条的适用原则；第二，关于不同情形下同样的发明创造的处理方式。

一、关于引言（第1节）

（一）修改对于外观设计同样的发明创造的定义

【修订内容】修订后的专利审查指南将第1节第二段中："对于外观设计而言，是指外观设计相同或者相近似，所述相同或者相近似的判断适用本部分第五章的规定"修改为"**对于外观设计而言，是指要求保护的产品外观设计相同或者实质相同，所述相同或者实质相同的判断适用本部分第五章的规定**"。

【修订说明】根据修改后的专利法和专利审查指南第四部分第五章的规定，同样的外观设计中的"同样"已不再是指相同或者相近似，在此相应修改为"相同或者实质相同"。

（二）专利法第九条、第二十二条和第二十三条的适用原则

【修订内容】将原审查指南本节中的最后两段进行适应性修改后移入本章第1节引言部分的最后，以明确专利法第九条、第二十二条和第二十三条的适用原则：

第四部分

“任何单位或者个人以某项发明或者实用新型专利权与申请在先的另一项发明或者实用新型专利权构成同样的发明创造而不符合专利法第九条的规定为由请求宣告无效的，如果申请在先的专利已构成现有技术或者属于任何单位或者个人申请在先公开在后的专利，专利复审委员会可以依据专利法第二十二条的规定进行审查。

任何单位或者个人以某项外观设计专利权与申请在先的另一项外观设计专利权构成同样的发明创造而不符合专利法第九条的规定为由请求宣告无效的，如果申请在先的专利已构成现有设计或者属于任何单位或者个人申请在先公开在后的专利，专利复审委员会可以依据专利法第二十三条的规定进行审查。”

【修订说明】修改后的专利法第二十二条第二款已将构成“抵触申请”的条件由“他人”改为“任何单位或者个人”，并且在第二十三条第一款中增加了有关外观设计“抵触申请”的规定，因此，在两件专利的申请日不同的情况下，适用专利法第第二十二条或者第二十三条进行审查，而不再适用专利法第九条。

二、关于不同情形的处理方式（第2~3节）

（一）关于专利权人相同的情形（第2节）

【修订内容】修订后的专利审查指南在第2节中，根据专利法第九条第一款的规定，在专利权人相同的情况下，以两项专利权的授权公告日是否相同分为两种不同的处理方式。

1. 授权公告日不同时的处理（第2.1节）

修订后的专利审查指南规定：**“任何单位或者个人认为属于同一专利权人的具有相同申请日（有优先权的，指优先权日）的两项专利权不符合专利法第九条第一款的规定而请求专利复审**

委员会宣告其中授权在前的专利权无效的，在不存在其他无效宣告理由或者其他理由不成立的情况下，专利复审委员会应当维持该项专利权有效。

任何单位或者个人认为属于同一专利权人的具有相同申请日（有优先权的，指优先权日）的两项专利权不符合专利法第九条第一款的规定而请求专利复审委员会宣告其中授权在后的专利权无效的，专利复审委员会经审查后认为构成同样的发明创造的，应当宣告该项专利权无效。

如果上述两项专利权为同一专利权人同日（仅指申请日）申请的一项实用新型专利权和一项发明专利权，专利权人在申请时根据专利法实施细则第四十一条第二款的规定作出过说明，且发明专利权授予时实用新型专利权尚未终止，在此情形下，专利权人可以通过放弃授权在前的实用新型专利权以保留被请求宣告无效的发明专利权。”

2. 授权公告日相同时的处理（第 2.2 节）

修订后的专利审查指南规定：“任何单位或者个人认为属于同一专利权人的具有相同申请日（有优先权的，指优先权日）和相同授权公告日的两项专利权不符合专利法第九条第一款规定的，可以请求专利复审委员会宣告其中一项专利权无效。

无效宣告请求人仅针对其中一项专利权提出无效宣告请求的，专利复审委员会经审查后认为构成同样的发明创造的，应当宣告被请求宣告无效的专利权无效。

两项专利权均被提出无效宣告请求的，专利复审委员会一般应合并审理。经审查认为构成同样的发明创造的，专利复审委员会应当告知专利权人上述两项专利权构成同样的发明创造，并要求其选择仅保留其中一项专利权。专利权人选择仅保留其中一项专利权的，在不存在其他无效宣告理由或者其他理由不成立的情况下，专利复审委员会应当维持该项专利权有效，宣告另一项专

利权无效。专利权人未进行选择的，专利复审委员会应当宣告两项专利权无效。”

【修订说明】根据修改后的专利法第九条第一款及专利法实施细则第四十一条的规定，只有在满足特定条件的情况下，专利权人才可以通过放弃实用新型专利权来获得属于同样的发明创造的发明专利申请的授权。对于其他已存在一项授权专利的情况，不再对属于同样的发明创造的专利申请进行授权，当然也不再允许专利权人在属于同样的发明创造的两项专利权之间进行选择。

根据修订后的专利审查指南第二部分第三章第6节的相关规定，在对发明专利申请进行实质审查时，如果经检索发现申请日相同、授权在先的属于同样的发明创造的专利存在，则根据专利法第九条的规定不再授予发明专利权。此外，在实用新型和外观设计专利申请的初步审查程序中，也参照执行前述规定。由此可以预见新规则下能够获得授权的两项以上的同人同日申请、属于同样的发明创造的专利绝大多数为不经过实审的相同类型的实用新型或者外观设计专利。

一方面，对于相同类型的专利，维持授权在先的专利权符合专利权人的利益；另一方面，按照原审查指南规定的放弃程序只能全部放弃，而无效宣告程序可以宣告部分无效，使得允许专利权人在无效宣告程序中可以选择从申请日起放弃已不再具有实际意义。

因此，本节直接规定同人同日申请、授权在先的专利权有效、授权在后的专利权无效。这样操作既简化了程序，有利于尽早结案，同时也符合专利法第九条的规定。当然，如果属于专利法第九条第一款规定的例外情况，即在符合专利法第九条、专利法实施细则第四十一条规定的情况下，允许专利权人从公告授予发明专利权之日起放弃该实用新型专利权从而保留授权在后的发明专利权。

对于同人同日申请、属于同样的发明创造的两项专利的授权公告日也相同的情形，如果仅有一项专利权被请求宣告无效，从简化程序的角度出发，直接宣告该专利权无效；如果两项专利权均被请求宣告无效，则由于无从区分，因而给予专利权人选择保留其中一项专利权的机会。但在告知专利权人进行选择后，专利权人不选择保留其中一项的，可以视为专利权人对选择权利的放弃，依据专利法第九条的规定，这两项专利权均存在重复授权的缺陷，均予以无效。

（二）关于专利权人不同的情形（第3节）

【修订内容】对于专利权人不同的情形，修订后的专利审查指南规定：“**任何单位或者个人认为属于不同专利权人的两项具有相同申请日（有优先权的，指优先权日）的专利权不符合专利法第九条第一款规定的，可以分别请求专利复审委员会宣告这两项专利权无效。**

两项专利权均被提出无效宣告请求的，专利复审委员会一般应合并审理。经审查认为构成同样的发明创造的，专利复审委员会应当告知两专利权人上述两项专利权构成同样的发明创造，并要求其协商选择仅保留其中一项专利权。两专利权人经协商共同书面声明仅保留其中一项专利权的，在不存在其他无效宣告理由或者其他理由不成立的情况下，专利复审委员会应当维持该项专利权有效，宣告另一项专利权无效。专利权人协商不成未进行选择的，专利复审委员会应当宣告两项专利权无效。

无效宣告请求人仅针对其中一项专利权提出无效宣告请求，专利复审委员会经审查认为构成同样的发明创造的，应当告知双方当事人。专利权人可以请求宣告另外一项专利权无效，并与另一专利权人协商选择仅保留其中一项专利权。专利权人请求宣告另外一项专利权无效的，按照本节前述规定处理；专利权人未请求宣告另一项专利权无效的，专利复审委员会应当宣告被请求宣

告无效的专利权无效。”

【修订说明】对于不同人同日申请、属于同样的发明创造的两项专利，由于在申请日时，一方专利权人一般不知晓另一专利权人的申请，而不同类型的专利的效力和保护期限有所差别，因此不再区分授权公告日相同或者不同，而均给予各专利权人协商选择所要保留的专利权的机会。同样地，在告知各专利权人进行协商选择后，专利权人不选择保留其中一项的，可以视为专利权人对选择权利的放弃，依据专利法第九条第一款的规定，这两项专利权均存在重复授权的缺陷，均应予以无效。

第七章　无效宣告程序中有关证据问题的规定

本章涉及对专利审查指南第四部分第八章修订的解释。

专利审查指南第四部分第八章的修订主要包括以下几个方面：第一，关于举证责任分配的补充规定；第二，补充关于物证提交的规定；第三，补充关于证据质证和审核认定的内容，形成完整的证据审查体系；第四，删除原审查指南第5.1节进口行为导致在国内公开使用的认定；第五，增加有关互联网证据公开时间的内容。

一、关于举证责任的分配（第2.1节）

【修订内容】修订后的专利审查指南在第2.1节增加：“**在依据前述规定无法确定举证责任承担时，专利复审委员会可以根据公平原则和诚实信用原则，综合当事人的举证能力以及待证事实发生的盖然性等因素确定举证责任的承担。**”

【修订说明】原审查指南仅规定了当事人举证责任分配的一般规则，但是在审查实践中举证责任分配的问题非常复杂，实践中存在特殊情况下依照一般规则无法确定举证责任承担的情形，为此，根据在审查实践中摸索出的经验，参照民事诉讼程序和行政诉讼程序中的相关证据规则，规定专利复审委员会可以根据公平原则和诚实信用原则，综合当事人的举证能力以及待证事实发生的盖然性等因素确定举证责任的承担。

二、关于物证的提交（第2.2.3节）

【修订内容】增加一节“物证的提交”作为第2.2.3节：**“当事人应当在本部分第三章第4.3节规定的举证期限内向专利复审委员会提交物证。当事人提交物证的，应当在举证期限内提交足以反映该物证客观情况的照片和文字说明，具体说明依据该物证所要证明的事实。**

当事人确有正当理由不能在举证期限内提交物证的，应当在举证期限内书面请求延期提交，但仍应当在上述期限内提交足以反映该物证客观情况的照片和文字说明，具体说明依据该物证所要证明的事实。当事人最迟在口头审理辩论终结前提交该物证。

对于经公证机关公证封存的物证，当事人在举证期限内可以仅提交公证文书而不提交该物证，但最迟在口头审理辩论终结前提交该物证。”

【修订说明】物证是一种常见的证据形式，可能由于体积过大、搬运不便或者是孤品而不便于提交专利复审委员会或者转给对方当事人。对于物证的提交，原审查指南没有作出明确的规定，在实践中出现了由于当事人提交物证不规范，造成另一方当事人无法针对物证本身及其所要证明的事实进行有针对性的答辩，从而影响了案件审查的公平和效率。为此，修订后的专利审查指南在第四部分第八章增加第2.2.3节，对当事人提交物证的方式和期限作出明确规定。在当今的科技水平下，无论物证本身有多复杂，通过一定的技术手段，当事人都能轻易地拍摄到物证各个角度的照片并辅以文字说明来固化物证，因此规定当事人应当在举证期限内提交足以反映该物证客观情况的照片和文字说明，具体说明依据该物证所要证明的事实，以使合议组能够进行审查或使对方当事人能够答辩。而对于当事人确有正当理由无法在举证期限内提交物证本身的情况，例如物证搬运不便、正在使用等，也予以充分考虑，允许当事人在举证期限内书面请求延期提交，但最迟必须在口头审理辩论终结前提交物证。对于经过公证的物证，由于有公证文书的文字说明且物证处于被封存的状态，因此规定可以仅提交公证文书，并在口头审理时提交物证。

三、关于证据的质证和审核认定（第4节）

【修订内容】本次专利审查指南修订对原审查指南第4节进行了结构调整，在原审查指南“书证的真实性”的基础上，增加了“证据的质证”“证据的审核”和“证据的认定”三节，形成了完整的证据审查体系。

【修订说明】按照修改后的专利法第二十二条第五款和第二十三条第四款的规定，申请日以前在国内外为公众所知的技术或设计都成为现有技术或现有设计而不再区分公开的地域和方式，可以预见适用修订后的专利法第二十二条或第二十三条进行审查的无效宣告案件中，对于双方当事人提交的证据的质证和审核认定将益发困难。因此根据审查实践的积累，并参照行政诉讼证据规则和民事诉讼证据规则，对第4节证据的质证和审核认定的内容进行了补充，构成较为完整的证据审查体系，以适应专利法将新颖性的概念修改为“绝对新颖性”后无效宣告案件的审查。

（一）关于证据的质证（第4.1节）

【修订内容】修订后的专利审查指南增加第4.1节“证据的质证”：“**证据应当由当事人质证，未经质证的证据，不能作为认定案件事实的依据。**

质证时，当事人应当围绕证据的关联性、合法性、真实性，针对证据证明力有无以及证明力大小，进行质疑、说明和辩驳。”

【修订说明】质证是查明案件事实的重要步骤。证据必须查证属实，才能作为认定案件事实的根据。审查中，只有充分发挥当事人的质证作用，才能够达到去伪存真的目的，才能帮助合议组有效地查明案件事实，作出正确的判断。作为认定案件事实根据的证据的特性，表现在证据的证据资格和证明力两个方面。质证应当围绕这两个方面来进行。本节的内容结合审查实践，并参照《最高人民法院关于民事诉讼证据的若干规定》第四十七条、第五十条以及《最高人民法院关于行政诉讼证据若干问题的规定》第三十五条、第三十九条制定。

（二）关于证据的审核（第4.2节）

【修订内容】修订后的专利审查指南在原审查指南第4.1节“书证的真实性”的基础上将真实性的审查扩大到一般性证据，并增加了有关证据关联性和合法性审查的内容。具体如下：

“合议组对于当事人提交的证据应当逐一进行审查和对全部证据综合进行审查。

合议组应当明确证据与案件事实之间的证明关系，排除不具有关联性的证据。

合议组应当根据案件的具体情况，从以下方面审查证据的合法性：

（1）证据是否符合法定形式；

（2）证据的取得是否符合法律、法规的规定；

（3）是否有影响证据效力的其他违法情形。

合议组应当根据案件的具体情况，从以下方面审查证据的真实性：

（1）证据是否为原件、原物，复印件、复制品与原件、原物是否相符；

（2）提供证据的人与当事人是否有利害关系；

（3）发现证据时的客观环境；

（4）证据形成的原因和方式；

（5）证据的内容；

（6）影响证据真实性的其他因素。”

【修订说明】对证据的审核，一是要根据每个证据本身所具有的不同特点，具体问题具体分析，进行必要的查证核实。二是要综合全案证据，审核所有的证据之间是否协调一致，两者应当相辅相成。证据与需要证明的案件事实之间的关联性大小对证据的证明力大小有决定作用。具有关联性则有证明力，不具有关联性则无证明力，因此应当排除不具有关联性的证据。另外，关联的形式和性质不同，则证据的证明力大小亦不同。证据的合法性要求证据的形式以及证据的收集和运用必须符合法律的规定，否则，因丧失证据资格而不能被采纳。本节的内容结合审查实践，并参照《最高人民法院关于民事诉讼证据的若干规定》第六十五条和第六十六条以及《最高人民法院关于行政诉讼证据若干问题的规定》第五十四条、第五十五条、第五十六条制定。

（三）关于证据的认定（第 4.3 节）

【修订内容】修订后的专利审查指南增加第 4.3 节“证据的认定”：“**对于一方当事人提出的证据，另一方当事人认可或者提出的相反证据不足以反驳的，专利复审委员会可以确认其证明力。**

对于一方当事人提出的证据，另一方当事人有异议并提出反驳证据，对方当事人对反驳证据认可的，可以确认反驳证据的证明力。

双方当事人对同一事实分别举出相反的证据，但都没有足够的依据否定对方证据的，专利复审委员会应当结合案件情况，判断一方提供证据的证明力是否明显大于另一方提供证据的证明力，并对证明力较大的证据予以确认。

因证据的证明力无法判断导致争议事实难以认定的，专利复审委员会应当依据举证责任分配的规则作出判定。”

【修订说明】本节的内容结合审查实践，并参照《最高人民法院关于民事诉讼证据的若干规定》第七十二条和第七十三条以及《最高人民法院关于行政诉讼证据若干问题的规定》第六十七条制定，由此而明确了无效宣告程序中的证明标准。

四、关于进口行为导致在国内公开使用的认定

【修订内容】专利审查指南删除原审查指南本章第5.1节进口行为导致国内公开使用的认定的内容。

【修订说明】在原专利法体系“相对新颖性”的规则下，在国外的公开使用不构成现有技术或现有设计，而在国内的公开使用构成现有技术或现有设计。进口行为的进行是从在国外的公开使用行为向在国内的公开使用行为演变的过程，因此认定何时进口行为的完成从而导致在国内公开至关重要。但是，按照修改后的专利法第二十二条第五款和第二十三条第四款的规定，申请日以前在国内外为公众所知的技术或设计都构成现有技术或现有设计，而不再区分公开的地域和方式，导致原审查指南第5.1节“进口行为导致国内公开使用的认定”已无存在的价值，因而将其删除。

五、关于互联网证据的公开时间（第5.1节）

【修订内容】专利审查指南增加“互联网证据的公开时间”作为第5.1节：“**公众能够浏览互联网信息的最早时间为该互联网信息的公开时间，一般以互联网信息的发布时间为准。**”

【修订说明】随着互联网技术的深入发展和普遍运用，近年来在审查实践中大量出现了新的证据形式——互联网证据，因此有必要对互联网证据的审查进行规定。但是，关于互联网证据的真实性、公开时间等的认定在技术层面和法律层面还存在诸多难点，对于这种新的证据形式，专利复审委员会以及人民法院还未

形成统一的、成体系的观点。综合以上因素，在此仅对互联网证据公开时间的认定作出原则性的规定，有待审查实践经验积累和理论研究突破后再进行补充。

第五部分

专利申请及事务处理

第一章 专利申请文件及手续

专利审查指南第五部分第一章的修订主要包括以下三个方面：第一，完善了专利申请文件的定义；第二，明确了以电子文件形式提交文件的规定；第三，进一步明确了专利申请文件及其他文件字体颜色的要求。

一、关于专利申请文件（第1节）

【修订内容】修订后的专利审查指南规定："申请人提出专利申请，向专利局提交的专利法第二十六条规定的请求书、说明书、权利要求书、说明书附图和摘要或者专利法第二十七条规定的请求书、图片或者照片、**简要说明**等文件，称为专利申请文件；在提出专利申请的同时或者提出专利申请之后，申请人(或专利权人)、**其他相关当事人**在办理与该专利申请（或专利）有关的各种手续时，提交的除专利申请文件以外的各种请求、申报、意见陈述、补正以及各种证明、证据材料，称为其他文件。"其中的"**简要说明**"为新增内容；其中的"**其他相关当事人**"是对原审查指南"其他利害关系人"的修改。

【修订说明】专利审查指南根据专利法第二十七条的规定进行适应性修改，增加了外观设计的简要说明作为申请外观设计专利的必要申请文件之一。

专利审查指南将原审查指南中"其他利害关系人"修改为"其他相关当事人"。从而更准确地定义在提出专利申请之后办理与该专利申请（或专利）有关的各种手续的人，为其他相关当事人，而不仅仅是有利害关系的人。

二、关于电子文件形式（第 2.2 节）

【修订内容】本节简化了与电子申请有关的内容，规定为：“**申请人以电子文件形式提出专利申请并被受理的，在审批程序中应当通过电子专利申请系统以电子文件形式提交相关文件，另有规定的除外。不符合规定的，该文件视为未提交。**”

【修订说明】修订后的专利审查指南将有关电子申请的相关规定单独撰写一章，此节部分内容移至专利审查指南第五部分第十一章“关于电子申请的若干规定”，此处仅保留与书面形式相关的内容。

三、关于字体颜色（第 5.5 节）

【修订内容】原审查指南规定：“字体颜色应当为黑色，以适合用于照相制版、缩微、静电复印等方法直接、大量复制该文件。字迹应当清晰、牢固、不易擦、不褪色。”

修订后的专利审查指南规定：“字体颜色应当为黑色，字迹应当清晰、牢固、不易擦、不褪色，**以能够满足复印、扫描的要求为准**。”

【修订说明】对专利申请文件及其他文件进行复印、扫描是专利局现在主要采用的数据处理方式，因此，文件的字体颜色应以能够满足复印、扫描的要求为准。修订后的专利审查指南删除了“以适合用于照相制版、缩微、静电复印等方法直接、大量复制该文件”的规定。

第二章 专利费用

专利审查指南第五部分第二章的修订内容主要包括以下五个方面：第一，明确了费用缴纳的期限；第二，完善了费用支付和结算方式；第三，完善了费用减缓手续的办理方法；第四，规范了退款的处理方式；第五，明确了补充遗漏缴费信息的办法。

一、关于费用缴纳的期限（第1节）

修订后的专利审查指南将原审查指南本节第（2）项内容重新整合，根据不同费用的种类划分为：实质审查费，延长期限请求费，恢复权利请求费，复审费。

（一）关于申请费的缴纳期限（第1节第（1）项）

【修订内容】修订后的专利审查指南规定："（1）申请费的缴纳期限是自申请日起两个月内，**或者自收到受理通知书之日起十五日内**。需要**在该期限内**缴纳的费用有优先权要求费和申请附加费以及发明专利申请的公布印刷费。……

申请附加费是指申请文件的说明书（包括附图、**序列表**）页数超过30页或者权利要求超过10项时需要缴纳的费用，该项费用的数额以页数或者项数计算。"其中的"**或者自收到受理通知书之日起十五日内**"和"**序列表**"为新增内容。

【修订说明】

根据专利法实施细则第九十五条的规定进行适应性修改，对申请费的缴纳期限进行了调整。修订后的专利审查指南增加了申请费缴纳期限即收到受理通知书之日起十五日内。

修订后的专利审查指南明确规定序列表为说明书的一部分，应当按照说明书相关规定缴纳申请附加费。

（二）关于恢复费的缴纳（第1节第（4）项）

【修订内容】原审查指南规定：“恢复权利请求费的缴纳期限是自当事人收到专利局确认权利丧失通知之日起两个月内（当事人根据专利法实施细则第七条第二款提出请求的），或者自障碍消除之日起两个月内，但最迟在相应期限届满日起两年内（当事人根据专利法实施细则第七条第一款提出请求的）。”

修订后的专利审查指南仅保留了其中的如下规定：“恢复权利请求费的缴纳期限是自当事人收到专利局确认权利丧失通知之日起两个月内。”

【修订说明】根据专利法实施细则第六条第三款的规定，当事人依据专利法实施细则第六条第一款规定因不可抗拒的事由延误期限提出恢复权利请求的，不需要缴纳恢复权利请求费。修改后的专利法实施细则从申请人的利益出发，考虑申请人因不可抗拒的事由未在规定的期限内办理相关手续，导致权利丧失，是由于客观原因造成的，并非申请人主观意愿，再要求申请人缴纳恢复权利请求费显失公平。因此，修订后的专利审查指南仅对当事人依据专利法实施细则第六条第二款规定提出恢复权利请求时缴纳恢复费的期限进行了规定，删除当事人依据原专利法实施细则第七条第一款规定提出恢复请求应当缴纳恢复费的规定，使收费程序更加合理。

（三）关于专利申请维持费的缴纳（第1节第（6）项）

【修订内容】原审查指南规定：“（3）专利登记费、授权当年的年费、除授予专利权的当年之外的各年度的申请维持费（发明专利申请被授予专利权之前，自第三年度起应当缴纳申请维持费），以及公告印刷费的缴纳期限是自申请人收到专利局作出的授予专利权和办理登记手续通知书之日起两个月内。”

修订后的专利审查指南规定：“**(6) 专利登记费、授权当年的年费以及公告印刷费的缴纳期限是自申请人收到专利局作出的授予专利权通知书和办理登记手续通知书之日起两个月内。**”

【修订说明】根据专利法实施细则第九十五条规定，专利审查指南取消了发明专利申请被授予专利权之前，自第三年度起应当缴纳的发明专利申请维持费。一方面，专利法第三十五条规定，“发明专利申请自申请日起三年内，国务院专利行政部门可以根据申请人随时提出的请求，对其申请进行实质审查”；另一方面，原专利法实施细则第九十四条却规定：“发明专利申请人自申请日起满2年尚未被授予专利权的，自第三年度起应当缴纳申请维持费。”这意味着，申请人在法律允许的第三年度提出实质审查请求，却要缴纳这一年度的申请维持费，修订后的专利法实施细则取消了发明专利申请维持费，充分考虑了申请人的利益，进而完善了专利收费制度。

(四) 关于专利权评价报告请求费（第1节第(8)项)

【修订内容】原审查指南规定：“著录事项变更费、实用新型专利检索报告费、中止程序请求费、无效宣告请求费、强制许可请求费和强制许可使用裁决请求费的缴纳期限是自提出相应请求之日起一个月内。”

修订后的专利审查指南规定：“**(8) 著录事项变更费、专利权评价报告请求费、无效宣告请求费的缴纳期限是自提出相应请求之日起一个月内。**”

【修订说明】

修改后的专利法将检索报告的名称修改为“专利权评价报告”，并适用于外观设计，即实用新型专利和外观设计专利的专利权评价报告，因此修订后的专利审查指南将“实用新型专利检索报告费”修订为“专利权评价报告请求费”。

专利法实施细则第九十九条删除了提出中止请求需要缴纳中止程序请求费、提出强制许可请求需要缴纳强制许可请求费，以及提出强制许可使用裁决请求需要缴纳强制许可使用裁决请求费的规定，因此修订后的专利审查指南相应地删除了上述3种费用。

二、关于费用支付和结算方式（第2节）

（一）关于取款密码（第2节第2段）

【修订内容】修订后的专利审查指南规定：“**费用通过邮局或者银行汇付的，应当在汇单上写明正确的申请号（或专利号）以及缴纳的费用名称，且不得设置取款密码。不符合上述规定的，视为未办理缴费手续。**”其中的“**不得设置取款密码**”为新增内容。

【修订说明】对于当事人用密码汇款缴纳专利的各种费用，此时邮局、银行不能给予收款方邮政取款通知单和银行汇划单，即不给专利局会计记账的原始凭证，这样专利局无法记账，因此，修订后的专利审查指南明确规定通过邮局或者银行汇款的，不得设置取款密码。同时规定，设置取款密码的，视为未办理缴费手续。

（二）关于不同专利申请（或专利）费用的汇付（第2节第4段）

【修订内容】原审查指南规定：“不同的专利申请（或专利）的费用应当分别汇款。同一专利申请（或专利）缴纳费用的总额少于各项费用的金额之和，或者将不同申请号（或专利号）的费用在同一单据中汇出，造成该笔费用无法分割的，视为未办理缴费手续。”

修订后的专利审查指南规定：“**同一汇单中包括多个专利申**

请（或专利），其缴纳费用的总额少于各项专利申请（或专利）费用金额之和的，处理方法如下：

(1) 缴费人对申请号（或专利号）标注顺序号的，按照标注的顺序分割费用；

(2) 缴费人未对申请号（或专利号）标注顺序号的，按照从左至右，从上至下的顺序分割费用。

造成其中部分专利申请（或专利）费用金额不足或者无费用的，视为未办理缴费手续。”

【修订说明】考虑当事人汇款方便，修订后的专利审查指南删除了“不同的专利申请（或专利）的费用应当分别汇款”的规定。允许缴款人将不同的专利申请（或专利）的费用在同一汇单中汇出，相应增加了同一汇单中可以包括多个专利申请号（或专利号）的汇款方式。

修订后的专利审查指南允许同一汇单中包含多个专利申请（或专利）的费用，并规定了缴纳费用的总额少于各项专利申请（或专利）费用金额之和的处理方法。对当事人缴纳金额不足时，根据缴费的实际情况进行分割，以便尽可能落实当事人所缴纳有关专利的费用。对于缴费人对申请号（或专利号）标注顺序号的，按照标注的顺序分割费用；对于缴费人未对申请号（或专利号）标注顺序号的，按照从左至右，从上至下的顺序分割费用。同时规定，缴纳费用的总额少于各项专利申请（或专利）费用金额之和，造成其中部分专利申请（或专利）费用金额不足或者无费用的，视为该部分专利申请（或专利）未办理缴费手续。

（三）关于通过银行汇付费用的问题（第2节第8段）

【修订内容】原审查指南规定：“费用通过银行汇付，写明申请号（或专利号）以及费用名称的，以银行实际汇出日为缴费日。”

修订后的专利审查指南规定：“**费用通过银行汇付，且写明申请号（或专利号）以及费用名称的，以银行实际汇出日为缴费日。当事人对缴费日有异议，并提交银行出具的加盖部门公章的证明材料的，以证明材料确认的汇出日重新确定缴费日。**”

【修订说明】原审查指南仅规定费用通过银行汇付，写明申请号（或专利号）以及费用名称的，以银行实际汇出日为缴费日。但对如果缴款人对缴费日有异议的处理却没有具体规定。修订后的专利审查指南明确规定当事人对缴费日有异议，并提交银行出具的加盖部门公章的证明材料的，以证明材料确认的汇出日重新确定缴费日，从而完善了相关缴费规定。

（四）关于缴费日的确定

【修订内容】修订后的专利审查指南删除了“费用通过邮局或者银行汇付的，自汇单上注明的汇出日到专利局收到日超过十五日的，以专利局收到日为缴费日，但当事人能提供证明的除外”的规定。

【修订说明】费用通过邮局或者银行汇付，汇单上注明的汇出日到专利局收到日超过十五日的情况多为邮局或者银行内部操作问题造成的，这种第三方责任让申请人来承担显失公平。考虑申请人的利益，修订后的专利审查指南删除了此项规定，即对通过邮局或者银行汇付的费用，以邮局或者银行汇款单上的实际汇出日为依据确定缴费日。

三、关于费用的减缓（第3节）

（一）关于费用减缓的种类（第3.1节）

【修订内容】原审查指南规定：“可以减缓的费用种类：

（1）申请费（不包括公布印刷费、申请附加费）；

（2）发明专利申请维持费；

（3）发明专利申请审查费；

（4）复审费；

（5）年费（自授予专利权当年起三年的年费）。”

修订后的专利审查指南保留了如下规定：“**可以减缓的费用种类：**

（1）申请费（不包括公布印刷费、申请附加费）；

（2）发明专利申请审查费；

（3）复审费；

（4）年费（自授予专利权当年起三年的年费）。”

删除了原审查指南中的“（2）发明专利申请维持费”。

【修订说明】根据专利法实施细则第九十三条的规定，取消发明专利申请维持费，因此，可以请求减缓的费用种类减少为4种。

（二）关于费用减缓的手续（第3.2节）

【修订内容】原审查指南规定：“提出费用减缓请求的，应当提交费用减缓请求书，必要时还应当附具证明文件。费用减缓请求书应当由全体申请人（或专利权人）签字或者盖章。”

修订后的专利审查指南规定：“提出费用减缓请求的，应当提交费用减缓请求书，必要时还应当附具证明文件。费用减缓请求书应当由全体申请人（或专利权人）签字或者盖章；**申请人（或专利权人）委托专利代理机构办理费用减缓手续并提交声明的，可以由专利代理机构盖章。委托专利代理机构办理费用减缓手续的声明可以在专利代理委托书中注明，也可以单独提交。**”

【修订说明】原审查指南规定，无论申请人是否委托专利代理机构，费用减缓请求书均应当由全体申请人（或专利权人）签字或者盖章。这样对已委托专利代理机构的，办理费用减缓手续尤为繁琐。特别是电子申请，已委托专利代理机构的，办理费用减缓手续时申请人只能提交纸件形式的费用减缓请求书，使费用减缓手续更加复杂。为方便申请人（或专利权人），增加申请人（或专利权人）可以委托专利代理机构办理费用减缓手续，同时简化了电子申请专利代理机构办理费用减缓手续。修订后的专利审查指南规定申请人（或专利权人）委托专利代理机构办理费用减缓手续并提交声明的，费用减缓请求书可以由专利代理机构盖章。同时规定了委托专利代理机构办理费用减缓手续的声明可以在专利代理委托书中注明（专利代理委托书中已增加“委托人声明委托上述专利代理机构办理专利费用减缓手续”一栏），也可以单独提交。

四、关于退款（第4.2节）

（一）关于退款的原则（第4.2.1节）

【修订内容】原审查指南规定：“多缴、重缴、错缴专利费用的，当事人可以自缴费日起一年内，提出退款请求。符合规定的，专利局应当予以退款。”

修订后的专利审查指南规定：“多缴、重缴、错缴专利费用的，当事人可以自缴费日起**三年内**，提出退款请求。符合规定的，专利局应当予以退款。”

【修订说明】原审查指南规定因多缴、重缴、错缴专利费用的，当事人可以自缴费日起一年内，提出退款请求。结合审查实践，充分考虑申请人的利益，修订后的专利审查指南将退款请求的时效由一年延长为三年。

（二）关于当事人可以请求退款的情形（第4.2.1.1节）

【修订内容】原审查指南规定：“（3）错缴费用的情形：如当事人缴费时写错费用种类的，在当事人提出退款请求并提供相关证据后，可以退款。

在专利局作出的专利申请视为撤回、视为放弃取得专利权的权利、专利权终止等决定生效之后，或者宣告专利权全部无效的决定公告后，或者专利申请人主动撤回专利申请、专利权人声明放弃专利权的手续合格之后，当事人新缴纳的专利费用，视为错缴费用，可以提出退款请求。”

修订后的专利审查指南规定：“（3）错缴费用的情形：如当事人缴费时写错费用种类、**申请号（或专利号）的；或者因缴费不足、逾期缴费导致权利丧失的，或者权利丧失后缴纳专利费用的**，当事人可以提出退款请求。”

【修订说明】原审查指南仅规定当事人缴费时写错费用种类及专利申请权（或专利权）失效后，当事人新缴纳的专利费用，视为错缴费用，可以提出退款请求。修订后的专利审查指南从申请人的实际利益出发，增加了可以退款的情形，如当事人缴费时写错申请号（或专利号），或者因缴费不足、逾期缴费导致权利丧失等情形，从而完善了退款处理的相关规定。

（三）关于退款请求的提出（第4.2.2.1节）

【修订内容】原审查指南规定：“退款请求人应当是该款项的缴款人或者缴纳该款项的专利代理机构。

请求退款应当书面提出、说明理由并附具相应证明，例如，专利局开出的费用收据、邮局出具的汇款凭证等。”

修订后的专利审查指南规定：“退款请求人应当是该款项的缴款人。**申请人（或专利权人）、专利代理机构作为非缴款人请求退款的，应当声明是受缴款人委托办理退款手续。**

请求退款应当书面提出、说明理由并附具相应证明，例如，**专利局开出的费用收据复印件**、邮局或者银行出具的汇款凭证等。……”

【修订说明】（1）修订后的专利审查指南从申请人的利益出发，增加对申请人、专利代理机构提出退款请求的规定。

（2）由于在专利局电子审批系统中已记载缴费的相关信息，

第五部分

如申请号、收据号、费用名称及金额等，审查员据此可以确定费用收据复印件中的信息是否属实。为方便申请人，修订后的专利审查指南不再要求退款请求人出具专利局开出的费用收据原件，仅提交专利局开出的费用收据复印件即可。

五、关于缴费信息的补充（第7节）

修订后的专利审查指南增加补交缴费信息的手续的规定：“**费用通过邮局或者银行汇付时遗漏必要缴费信息的，可以在汇款当日通过传真或者电子邮件的方式补充。补充完整缴费信息的，以汇款日为缴费日。当日补充不完整而再次补充的，以专利局收到完整缴费信息之日为缴费日。**

补充缴费信息的，应当提供邮局或者银行的汇款单复印件、所缴费用的申请号（或专利号）及各项费用的名称和金额。同时，应当提供接收收据人的姓名或者名称、地址、邮政编码等信息。补充缴费信息如不能提供邮局或者银行的汇款单复印件的，还应当提供汇款日期、汇款人姓名或者名称、汇款金额、汇款单据号等信息。”

【修订说明】本节为新增内容。申请人通过邮局或者银行汇付费用的，应当在汇单上写明正确的申请号（或专利号）以及缴纳的费用名称。如果申请人在汇款时遗漏了必要的缴费信息，可以通过传真或者电子邮件的方式补充，以避免因缴费信息不全造成的费用退还。允许申请人补充缴费信息，是为方便申请人增加的服务项目，虽然增加了收费部门的工作，但为申请人提供了救济手段，最大限度地满足了申请人的需求。

第三章　受　理

专利审查指南第五部分第三章的修订主要包括以下四个方面：第一，进一步明确了专利局代办处的受理范围；第二，完善了受理的条件；第三，进一步细化了不受理的情形；第四，删除了穿日期孔的程序。

一、关于受理地点（第1节）

【修订内容】原审查指南规定："专利局设立的专利代办处仅负责受理专利申请，但不受理其中的涉外申请、分案申请、要求国内优先权的申请，也不受理申请日之后提交的其他文件。"

修订后的专利审查指南规定："**专利局的受理部门包括专利局受理处和专利局各代办处。专利局受理处负责受理专利申请及其他有关文件，**代办处按照相关规定受理专利申请及其他有关文件。"

【修订说明】随着专利局各代办处的发展，业务能力的不断提高，修订后的专利审查指南明确了专利局各代办处为专利局的受理部门。同时为方便申请人规定"代办处按照相关规定受理专利申请及其他有关文件"，专利局可以根据代办处的实际情况，逐步扩大专利局各代办处的受理范围。

二、关于专利申请的受理与不受理（第2节）

（一）关于受理条件（第2.1节）

【修订内容】原审查指南规定："受理条件：（2）发明专利

申请文件中有说明书和权利要求书；实用新型专利申请文件中有说明书、说明书附图和权利要求书；外观设计专利申请文件中有图片或者照片。”

修订后的专利审查指南在原审查指南本节第（2）项的基础上增加：“（2）**发明专利申请文件中有说明书和权利要求书；实用新型专利申请文件中有说明书、说明书附图和权利要求书；外观设计专利申请文件中有图片或者照片和简要说明。**”

【修订说明】根据专利法第二十七条第一款规定，“申请外观设计专利的，应当提交请求书、该外观设计的图片或者照片以及对该外观设计的简要说明等文件”，增加“简要说明”作为必要的申请文件。根据专利法实施细则第三十八条规定，将简要说明作为外观设计专利申请的受理条件之一。

（二）关于不受理的情形（第2.2节）

【修订内容】原审查指南规定：“专利申请有下列情形之一的，专利局不予受理：

（1）不符合本章第2.1节（1）、（2）、（3）中规定的受理条件之一的。

（2）外国申请人因国籍或者居所原因，明显不具有提出专利申请的资格的。

（3）在中国内地没有经常居所或者营业所的外国人、外国企业或者外国其他组织作为第一署名申请人，没有委托国家知识产权局指定的专利代理机构的。

（4）在中国内地没有经常营业所的香港、澳门或者台湾地区的企业或者其他组织作为第一署名申请人，没有委托国家知识产权局指定的专利代理机构的。

在中国内地没有经常居所的香港、澳门或者台湾地区的个人作为第一署名申请人，没有委托专利代理机构的。

（5）直接从外国向专利局邮寄的。

(6) 直接从香港、澳门或者台湾地区向专利局邮寄的。

(7) 分案申请改变申请类别的。”

修订后的专利审查指南规定：“专利申请有下列情形之一的，专利局不予受理：

(1) 发明专利申请缺少请求书、说明书或者权利要求书的；实用新型专利申请缺少请求书、说明书、说明书附图或者权利要求书的；外观设计专利申请缺少请求书、图片或照片或者简要说明的。

(2) 未使用中文的。

(3) 不符合本章第2.1节(3)中规定的受理条件的。

(4) 请求书中缺少申请人姓名或者名称，或者缺少地址的。

(5) 外国申请人因国籍或者居所原因，明显不具有提出专利申请的资格的。

(6) 在中国内地没有经常居所或者营业所的外国人、外国企业或者外国其他组织作为第一署名申请人，没有委托专利代理机构的。

(7) 在中国内地没有经常居所或者营业所的香港、澳门或者台湾地区的个人、企业或者其他组织作为第一署名申请人，没有委托专利代理机构的。

(8) 直接从外国向专利局邮寄的。

(9) 直接从香港、澳门或者台湾地区向专利局邮寄的。

(10) 专利申请类别（发明、实用新型或者外观设计）不明确或者难以确定的。

(11) 分案申请改变申请类别的。”

【修订说明】专利审查指南根据专利法实施细则第三十九条规定作适应性修改，明确并细化了不受理的情形。第一，明确规定专利申请文件缺少一种的，不予受理；请求书中缺少申请人姓名或者名称，或者缺少地址的，不予受理。第二，对专利代理机构不再区分是否为国家知识产权局指定的专利代理机构，对在中国内地没有经常居所或者营业所的外国人、外国企业或者外国其他组织作为第一署名申请人，没有委托专利代理机构的，不予受理；对在中国内地没有经常居所或者营业所的香港、澳门或者台湾地区的个人、企业或者其他组织作为第一署名申请人，不予受理。第三，明确规定专利申请类别不明确或者难以确定的，不予受理。

（三）关于穿日期孔（第2.3节）

【修订内容】原审查指南规定："根据文件收到日期，在全部文件上方用穿孔机穿上当天日期孔，以记载受理处收到该申请文件的日期。各专利代办处在请求书上加盖收文日戳并送专利局受理处穿日期孔。"

修订后的专利审查指南规定："**根据文件收到日期，在文件上注明受理部门收到日，以记载受理部门收到该申请文件的日期。**"

【修订说明】在专利审批过程中取消对专利申请文件及其他文件在受理程序或者不受理程序中的穿孔程序，与电子申请文件一致，只在文件上注明受理部门收到日即可。从而，简化操作程序，提高工作效率。

第四章　专利申请文档

专利审查指南第五部分第四章的修订主要包括以下三个方面：第一，进一步明确了案卷的组成及案卷管理的原则；第二，明确规定了电子文档应当记载并存储的内容；第三，完善了允许查阅和复制的内容的规定。

一、关于案卷（第2节）

【修订内容】

（1）删除了原审查指南第2.1节“案卷夹”中关于案卷夹的设立、装订，案卷封面的记载等内容。

（2）删除了原审查指南第2.3.2节“案卷夹的记载”的内容。

（3）删除了原审查指南第2.4节“案卷的整理与分册”的内容。

【修订说明】由于信息化、电子化程度的提高，审查方式由以纸件文档为载体演变为以图形文件和代码化文件为基础进行全流程电子化审批。文档的记载方式和内容都已发生变化，纸件文档将不再流转，审批流程和法律状态无法在案卷上记载，审查员发出的通知和决定的副本不再装入纸件文档，因此，修订后的专利审查指南删除了手工操作的相关规定。

二、关于电子文档（第3节）

【修订内容】原审查指南规定：“电子文档的建立应当参照

本章第2.3.1节的原则，并包括以下内容：

（1）专利局以纸件文件为基础制作的，以规定的格式保存于电子文档系统中的文件；

（2）当事人按照规定形式提交的核苷酸或者氨基酸的序列表；

（3）在专利审批程序中，专利局作出的并保存于电子文档系统中的通知、决定（如补正通知书、驳回决定等）及其他文件（如公布文本或者授权公告文本等）；

（4）专利费用的相关数据；

（5）在专利审批程序中产生的法律状态及变化的历史记录；

（6）在专利审批程序中全部著录项目及其变更的历史记录；

（7）当事人以电子申请方式提交的电子文件；

修订后的专利审查指南规定："电子文档的建立应当参照本章第2.3节的原则，并包括以下内容：

（1）**专利局基于当事人提交的纸件文件制作的图形文件和代码化文件**；

（2）当事人按照规定形式提交的核苷酸或者氨基酸的序列表；

（3）在专利审批程序和**复审、无效程序中**，专利局、**专利复审委员会**作出的通知、决定（如补正通知书、驳回决定等）及其他文件（如**发明专利申请单行本，发明专利、实用新型专利和外观设计专利单行本**等）；

（4）专利费用的相关数据；

（5）**与专利申请或者专利审批有关**的法律状态及变化的历史记录；

（6）在专利审批程序中全部著录项目及其变更的历史记录；

（7）当事人以电子申请方式提交的电子文件；

（8）**专利权评价报告**；

（9）**分类号、所属审查部门、各种标记（如优先权标记、实审请求标记、保密标记等）。”**

【修订说明】修订后的专利审查指南进一步完善和规范了电子文档应当记载和存储的内容，明确规定专利局基于当事人提交的纸件文件制作的图形文件和代码化文件存储于电子文档，并将专利复审委员会作出的通知和决定、专利权评价报告及分类号、所属审查部门、各种标记也规定为电子文档应当包括的内容，统一电子文档存储的标准，确保电子文档的完整性。

三、关于允许查阅和复制的内容（第5.2节）

【修订内容】增加了部分允许查阅和修改的内容，修订后的专利审查指南第5.2节第（3）项规定：“对于已经公告授予专利权的专利申请案卷，可以查阅和复制的内容包括：申请文件，与申请直接有关的手续文件，**发明专利申请单行本，发明专利、实用新型专利和外观设计专利单行本，专利登记簿，专利权评价报告**，以及在各已审结的审查程序（包括初步审查、实质审查、复审和无效宣告等）中专利局、专利复审委员会向申请人或者有关当事人发出的通知书和决定书、申请人或者有关当事人对通知书的答复意见正文。”

【修订说明】根据专利法实施细则第一百一十八条、第五十七条的规定作适应性修改。修订后的专利审查指南扩大了允许查阅和复制内容的范围，将专利权评价报告及专利登记簿纳入允许查阅和复制的内容。

第五章　保密申请与向外国申请专利的保密审查

专利审查指南第五部分第五章的修订主要涉及两个方面，第一是对原审查指南中“保密”内容的修改，第二是新增一节“向外国申请专利的保密审查”。

一、关于标题的修改

【修订内容】修订后的专利审查指南将第五部分第五章的标题“保密”修改为“保密**申请与向外国申请专利的保密审查**”。

【修订说明】由于第三次修改后的专利法增加了向外国申请专利的保密审查制度，并且在专利法实施细则第八条、第九条中分别对向外国申请专利保密审查请求的提出、保密审查的程序、保密审查的期限进行了规定，因此专利审查指南第五部分第五章中加入了向外国申请专利的保密审查的相关内容，并修改标题以涵盖本章所有内容。

二、关于保密的范围（第1节）

【修订内容】本节引用专利法实施细则第七条的规定，将涉及国防利益由国防专利机构受理并进行审查的专利申请由“发明专利申请”修改为“**专利申请**”。将涉及国防利益以外的国家安全或者重大利益需要进行保密审查的范围由“发明专利申请”修改为“发明**或者实用新型**专利申请”。同时删除了原审查指南中“专利局进行保密审查的范围仅限于涉及国家重大利益的发明专利申请”。

修订后的专利审查指南规定：“**根据专利法实施细则第七条第一款的规定，专利局受理的专利申请涉及国防利益需要保密的，应当及时移交国防专利机构进行审查。**

根据专利法实施细则第七条第二款的规定，专利局认为其受理的发明或者实用新型专利申请涉及国防利益以外的国家安全或者重大利益需要保密的，应当及时作出按照保密专利申请处理的决定，并通知申请人。”

【修订说明】本节仍然引用了专利法实施细则的规定，由于专利法实施细则中将专利局进行保密审查的范围扩大为“涉及国防利益以外的国家安全或者重大利益的发明或者实用新型专利申请”，因此删除了原审查指南本节第二段的内容。

三、关于保密的基准（第2节）

【修订内容】修订后的专利审查指南将保密的基准“按照国家有关部门的规定执行”修改为“**按照国家有关规定执行**”。

【修订说明】为了对保密审查的基准进行规范和统一，本节明确了保密的基准是按照国家有关的规定执行，如《中华人民共和国保守国家秘密法》《中华人民共和国保守国家秘密法实施办法》《科学技术保密规定》等相关规定，而非按照部门的规定执行。

四、关于专利申请的保密确定（第3节）

（一）关于第3节标题的修改和结构的调整

【修订内容】

（1）将第3节标题由“保密的程序”修改为“**专利申请的保密确定**”。

（2）将第3节的整体结构进行了调整。

【修订说明】

（1）原审查指南将保密请求的提出、保密的确定和保密专利申请的审批程序均涵盖在“保密的程序”中，实际上，保密专利申请的审批程序属于专利申请的审批程序而并非“保密的程序”，修订后的专利审查指南将“**保密专利申请的审批流程**”分出来作为单独的一节。在本节的结构进行调整后，所涉及的内容主要是“专利申请的保密确定”，因此将本节的标题修改为“**专利申请的保密确定**”。

(2) 原审查指南在本节中按“保密请求的提出”和“保密的确定”分小节，但在“保密请求的提出”小节中，由专利局提出保密请求的表述不准确，应当为“专利局自行进行的保密确定”。因此，修订后的专利审查指南按“申请人提出保密请求的保密确定”和“专利局自行进行的保密确定”分小节，在“申请人提出保密请求的保密确定”中再分别对“保密请求的提出”和“保密的确定”进行规定。

（二）关于保密请求的提出（第3.1.1节）

【修订内容】本节对申请人提出保密请求的形式、时间和其他方面的要求均进行了修改。

(1) 根据修改后的专利法实施细则的规定，除发明专利申请之外，也可以针对实用新型专利申请提出保密请求，因此本节对此进行了适应性修改，并且增加了提出保密请求的专利申请应当以纸件方式提交的规定。修订后的专利审查指南规定：“申请人认为其**发明或者实用新型专利申请**涉及国家安全或者重大利益需要保密的，应当在提出专利申请的同时，在请求书上作出要求保密的表示，**其申请文件应当以纸件形式提交。**”

(2) 原审查指南规定：“发明专利申请的申请人也可以在提出专利申请之后，专利局准备公布该申请之前（即自申请日或者优先权日起十五个月内）提出保密请求。”

修订后的专利审查指南规定：“**申请人也可以在发明专利申请进入公布准备之前，或者实用新型专利申请进入授权公告准备**

之前提出保密请求。”

（3）修订后的专利审查指南增加了“**申请人在提出保密请求之前已确定其申请的内容涉及国家安全或者重大利益需要保密的，应当提交有关部门确定密级的相关文件**”。

【修订说明】

（1）根据专利法实施细则第七条的规定，“实用新型专利申请也可能涉及国家安全或者重大利益而需要保密，因此将提出保密请求的范围由发明专利申请扩大到发明或者实用新型专利申请”；同时，根据《计算机信息系统国际联网保密管理规定》，可能涉密的信息不能在互联网上存储、处理、传递。因此，申请人认为其递交的专利申请可能涉密，则应当遵守《计算机信息系统国际联网保密管理规定》，将申请文件通过纸件形式递交到专利局受理部门。

（2）由于原审查指南括号中的内容“自申请日或者优先权日起十五个月内”没有全面概括发明专利申请进行公布准备之前的时限，例如要求提前公布发明专利申请的情况，修订后的专利审查指南将其修改为“**进入公布准备之前**”；同时适应专利法实施细则的修改，新增了针对实用新型专利申请提出保密请求的时间。

（3）为了提高行政审批效率，更准确快捷地确定专利申请是否需要保密，规定申请人在申请前已确定其申请需要保密的，应当提交有关部门确定密级的相关材料。

（三）关于保密的确定（第3.1.2节）

【修订内容】本节主要适应专利法实施细则第七条的规定，对保密确定的程序进行了修改。

（1）原审查指南规定：“发明内容涉及国家安全的，根据专利法实施细则第八条第一款规定移交国防专利局进行审批，并通知申请人。”

修订后的专利审查指南规定："**（1）专利申请的内容涉及国防利益的，由国防专利局进行保密确定。需要保密的，应当及时移交国防专利局进行审查，审查员向申请人发出专利申请移交国防专利局通知书；不需要保密的，审查员应当发出保密审批通知书，通知申请人该专利申请不予保密，按照一般专利申请处理。**"

（2）按照原审查指南的规定，除发明内容涉及国家安全的之外，发明内容明显不需要保密的，专利局进行保密审批；其他均由国务院有关主管部门进行保密审批。修订后的专利审查指南将"由国务院有关主管部门进行保密审批的程序"修改为"由专利局进行保密确定"。

修订后的专利审查指南规定："**（2）发明或者实用新型内容涉及国防利益以外的国家安全或者重大利益的，由专利局进行保密确定，必要时可以邀请相关领域的技术专家协助确定。审查员根据保密确定的结果发出保密审批通知书，需要保密的，通知申请人该专利申请予以保密，按照保密专利申请处理；不需要保密的，通知申请人该专利申请不予保密，按照一般专利申请处理**"。

【修订说明】

（1）专利审查指南适应专利法实施细则第七条的修改，将"发明内容涉及国家安全"修改为"**专利申请的内容涉及国防利益**"，并细化了国防专利局进行保密确定的流程，规定了在需要保密和不需要保密的情况下，审查员所做的处理和所发的通知书。

（2）基于专利法实施细则第七条的规定，专利审查指南删去了由国务院有关主管部门进行保密确定的审查流程，重新制定出了一套专利局进行保密确定的审查流程。

第五部分

（四）对已确定为保密申请的电子申请的要求（第3.2节）

【修订内容】此处为新增的内容，对于电子专利申请被确定为保密申请的情况，修订后的专利审查指南增加了如下规定：**"对于已确定为保密申请的电子专利申请，如果涉及国家安全或者重大利益需要保密，审查员应当将该专利申请转为纸件形式继续审查并通知申请人，申请人此后应当以纸件形式向专利局或国防专利局递交各种文件，不得通过电子专利申请系统提交文件。"**

【修订说明】根据《计算机信息系统国际联网保密管理规定》，可能涉密的信息不能在互联网上存储、处理、传递，因此电子申请被确定为保密申请后，应当转为纸件形式，以防在互联网上泄密。

五、关于保密专利申请的审批流程（第4节）

（一）专利局对保密专利申请案卷的管理

【修订内容】专利审查指南删除"建立保密案卷位置状态卡，在计算机系统中作出处理"的内容。

【修订说明】随着专利局审查电子化程度的大幅度提高，原基于纸件文档的对于案卷状态和位置的卡片式管理已经不再使用，故删除相应规定。

（二）保密发明专利申请的审批流程

【修订内容】原审查指南规定："已有实质审查请求并缴纳实质审查费的，直接进入实质审查程序。"

修订后的专利审查指南规定："**实质审查请求符合规定的，直接进入实质审查程序**。"

【修订说明】原审查指南对进入实质审查程序的条件表述不准确，"已有实质审查请求并缴纳实质审查费"并不代表实质审查请求符合规定，实际操作中，申请人提交实质审查请求并缴纳实质审查费后，审查员会对实质审查请求是否符合规定进行审

第五部分

查，不符合规定的，例如实质审查请求书无申请人（有代理机构的，为代理机构）签章的，仍然不能进入实质审查程序，此次将其修改为“实质审查请求符合规定的，直接进入实质审查程序”。

（三）保密实用新型专利申请的审批流程

【修订内容】修订后的专利审查指南增加了对保密实用新型专利申请的审批流程的规定：“**对于实用新型专利申请，初步审查按照与一般实用新型专利申请相同的基准进行。经初步审查没有发现驳回理由的，作出授予保密实用新型专利权的决定，并发出授予实用新型专利权通知书和办理登记手续通知书。**”

【修订说明】由于修改后的专利法实施细则第七条中将专利局进行保密审查的范围由“发明专利申请”扩大为“发明或者实用新型专利申请”，因此增加了对保密实用新型专利申请的审批流程的规定。

六、关于专利申请（或专利）的解密程序（第5节）

（一）关于申请人（或专利权人）提出解密请求（第5.1节）

【修订内容】原审查指南规定：“解密的决定应当在征求原认为需要保密的部门的意见之后由专利局作出。”“申请人（或专利权人）提出解密请求，应当附具原认为需要保密的国务院主管部门同意解密的证明文件；未附具证明文件的，仍予以保密。专利局应当将是否同意解密的审查意见通知申请人（或专利权人）。”

修订后的专利审查指南规定：“**保密专利申请的申请人或者保密专利的专利权人可以书面提出解密请求。提出保密请求时提交了有关部门确定密级的相关文件的，申请人（或专利权人）提出解密请求时，应当附具原确定密级的部门同意解密的证明**

文件。

专利局对提出解密请求的保密专利申请（或专利）进行解密确定，并将结果通知申请人。”

【修订说明】基于专利法实施细则第七条的规定，由专利局对发明或者实用新型专利申请是否需要保密进行确定，相应地，专利申请（或专利）解密的相关事宜也应由专利局自行进行，故本节删除了在作出解密决定前需要征求原国务院有关主管部门意见的程序，修改为“专利局对提出解密请求的保密专利申请（或专利）进行解密确定”。

申请人（或专利权人）提出解密请求的，参照国家科学技术委员会、国家保密局制定的《科学技术保密规定》第十三条“国家科学技术秘密事项密级的变更，由确定其密级的机关、单位决定”；第十五条“确定密级的机关、单位对认为需要继续保密的，可以作出延长保密期限的决定，并在保密期限届满前三十日通知有关单位和个人”等，本节规定，申请人提出保密请求时提交了有关部门确定密级的相关文件的，申请人（或专利权人）提出解密请求时，应当附具原确定密级的部门同意解密的证明文件。此规定目的在于保证保密确定和解密确定的标准的一致性，有利于保障国家安全。

（二）关于专利局定期解密（第 5.2 节）

【修订内容】原审查指南规定：“专利局每两年对保密专利进行一次复查，经复查认为不需要继续保密的，可以提出解密。”“专利局经复查认为不需要继续保密的，应当向原认为需要保密的国务院主管部门征求意见，再确定是否需要解密；决定解密的，保密审查员应当发出解密通知书。”

修订后的专利审查指南规定：“专利局每两年对保密专利**申请（或专利）**进行一次复查，经复查认为不需要继续保密的，**通知申请人予以解密。**”

【修订说明】本节适应专利法实施细则第七条的修改，删除了在作出解密决定前需要先征求原国务院有关主管部门意见的程序，修改为专利局复查后自行解密。

原审查指南规定专利局仅对授权后的保密专利进行复查，对于尚未授权的保密专利申请，除非申请人自行提出解密请求，否则不予解密。在审查过程中经常会发现，虽然专利申请被确定为保密申请，但又检索到已经有同样的发明内容被公开，或者其技术已经不具有保密价值，对于这类专利申请，也应当定期给予解密，以降低专利申请作为保密申请的管理成本。同时，对于不需要保密的专利申请及时解密也是维护当事人的利益，有利于科学技术的交流与应用，有利于促进科学技术的发展。

（三）关于解密后的处理（第5.3节）

【修订内容】原审查指南规定："发明专利申请解密后，按照一般专利申请进行审批程序和管理。发明专利解密后，在专利公报的解密栏中予以公告、出版说明书单行本，并按照一般专利进行管理。"

修订后的专利审查指南规定："发明专利申请解密后，**尚未被授予专利权的，**按照一般发明专利申请**进行审查和管理，符合公布条件的，应当予以公布，并出版发明专利申请单行本；实用新型专利申请解密后，尚未被授予专利权的，按照一般实用新型专利申请进行审查和管理。**

发明**或者实用新型专利解密后，应当进行解密公告、出版**发明**或者实用新型专利单行本，并按照一般专利进行管理。**"

【修订说明】原审查指南对发明专利申请解密后的处理表述相对简略，未明确符合公布条件的发明专利申请解密后是否给予公布，本节对发明专利申请解密后的处理进行了细化说明，明确规定，发明专利申请解密后，尚未被授予专利权的，按照一般发明专利申请进行审查和管理，符合公布条件的，应当予以公布，并出版发明专利申请单行本。

为适应专利法实施细则第七条的规定，明确了实用新型专利申请（或专利）解密后的处理。

根据专利法实施细则第九十一条的规定，本节将“出版说明书单行本”修改为“出版发明或者实用新型单行本”。

七、关于向外国申请专利的保密审查（第6节）

【修订内容】专利审查指南新增第6节，其中包括6.1节“**准备直接向外国申请专利的保密审查**”，6.2节“**申请专利后拟向外国申请专利的保密审查**”和6.3节“**国际申请的保密审查**”。

【修订说明】按照专利法第二十条第一款的规定，申请人向外国申请专利需要报经专利局进行保密审查，专利局需要在规定的程序下对准备向外国申请专利的技术内容进行保密审查。专利法实施细则第八条和第九条对向外国申请专利保密审查请求的方式和专利局的保密审查程序作出了规定。基于专利法及其实施细则的上述规定，本节加入了向外国申请专利保密审查的相关内容，更详细地对专利法实施细则第八条和第九条的规定予以解释。

本节的开头，引入了专利法及其实施细则的相关规定，并对专利法实施细则中“向外国申请专利或者向有关国外机构提交专利国际申请”进行了解释：“**上述规定中所述的向外国申请专利是指向外国国家或外国政府间专利合作组织设立的专利主管机构提交专利申请，向有关国外机构提交专利国际申请是指向作为PCT受理局的外国国家或外国政府间专利合作组织设立的专利主管机构或世界知识产权组织国际局提交专利国际申请。**”

根据专利法实施细则第八条规定的三种向外国申请专利保密审查请求方式，专利审查指南中更详细地规定了各自需提交的文件和格式。

（1）对于准备直接向外国申请专利的保密审查请求，修订后的专利审查指南规定：**“向外国申请专利保密审查请求的文件应当包括向外国申请专利保密审查请求书和技术方案说明书。请求书和技术方案说明书应当使用中文，请求人可以同时提交相应的外文文本供审查员参考。技术方案说明书应当与向外国申请专利的内容一致。技术方案说明书可以参照专利法实施细则第十七条的规定撰写，并符合本部分第一章的其他规定。”**

（2）**“申请人拟在向专利局申请专利后又向外国申请专利的，应当在提交专利申请同时或之后提交向外国申请专利保密审查请求书。”**

（3）**“申请人向专利局提交国际申请的，视为同时提出向外国申请专利保密审查请求。”**

根据专利法实施细则第九条规定的向外国申请专利保密请求的审查程序，修订后的专利审查指南中予以细化，明确了在专利局收到向外国申请专利保密审查请求文件之后，会立即启动审查，并可能作出**“文件不符合规定，保密审查请求视为未提出”“明显不需要保密，可以向外国申请专利”“需作进一步保密审查，暂缓向外国申请专利”**三种结论，对于这三种结论，审查员在审查后均会发出**“向外国申请专利保密审查意见通知书”**，及时通知申请人。

根据专利法实施细则第九条第二款的规定，修订后的专利审查指南进一步明确：**“已通知请求人暂缓向外国申请专利的，审查员应当作进一步保密审查，必要时可以邀请相关领域的技术专家协助审查，审查员根据保密审查的结论发出向外国申请专利保密审查决定，将是否同意就该技术方案向外国申请专利的审查结果通知请求人”**。

对于专利法实施细则第九条，申请人自提交日起4个月内未收到首次保密审查意见通知，或首次暂缓后自提交日起6个月内未收到保密审查决定，可以向外国申请专利的规定，修订后的专利审查指南中给出“申请人未收到通知或决定”的明确解释：**“专利法实施细则第九条所称申请人未在其请求递交日起四个月或六个月内收到相应通知或决定，是指专利局发出相应通知或决定的推定收到日未在规定期限内。”**

对于国际申请的保密审查，修订后的专利审查指南与专利合作条约的规定相适应：**“国际申请不需要保密的，审查员应当按照正常国际阶段程序进行处理。国际申请需要保密的，审查员应当自申请日起三个月内发出因国家安全原因不再传送登记本和检索本的通知书，通知申请人和国际局该申请将不再作为国际申请处理，终止国际阶段程序。申请人收到上述通知的，不得就该申请的内容向外国申请专利。”**

第六章　通知和决定

专利审查指南第五部分第六章的修订主要包括以下三个方面：第一，明确了通知和决定的种类；第二，进一步细化了通知和决定的撰写规范；第三，明确了电子申请通知书送达日的规定。

一、关于通知和决定（第1.1节）

【修订内容】修订后的专利审查指南调整了原审查指南中部分通知和决定的名称，规定："在专利申请的审批程序、**复审程序、无效宣告程序以及专利法及其实施细则规定的其他程序中，**审查员根据不同情况，将作出各种通知和决定。这些通知和决定主要包括：**专利申请受理通知书**、审查意见通知书、补正通知书、手续合格通知书、视为撤回通知书、**恢复权利请求审批通知书、发明专利申请实质审查请求期限届满前通知书**、缴费通知书、费用减缓审批通知书、发明专利申请初步审查合格通知书、发明专利申请公布通知书、发明专利申请进入实质审查阶段通知书、授予发明专利权通知书、**授予实用新型专利权通知书、授予外观设计专利权通知书、办理登记手续通知书**、视为放弃取得专利权通知书、专利权终止通知书、驳回决定、复审决定书、无效宣告请求审查决定等。"

【修订说明】修订后的专利审查指南明确了通知和决定应当在专利审批程序复审程序、无效宣告程序以及专利法及其实施细则规定的其他程序中产生；调整了部分通知和决定的名称。首先，将原有的《授予实用新型专利权及办理登记手续通知书》拆分为《授予实用新型专利权通知书》和《办理登记手续通知书》，将《授予外观设计专利权及办理登记手续通知书》拆分为《授予外观设计专利权通知书》和《办理登记手续通知书》。将授予专利权通知书单独拆出，审查员可以将授予专利权依据的专利申请文本及依职权修改情况告知申请人，有利于申请人获知专利权授予的详细情况。拆分后的授予专利权通知书将与办理登记手续通知书一起在同一个发文日发出。其次，将《受理通知书》修改为《专利申请受理通知书》，将《恢复权利请求审批决定》修改为《恢复权利请求审批通知书》，将《期限届满通知书》修改为《发明专利申请实质审查请求期限届满前通知书》，进一步完善并规范通知书名称。

二、关于通知和决定的撰写（第1.2节）

【修订内容】

（1）原审查指南“通知和决定的撰写”部分第（2）项规定:“著录项目包括：全体申请人（或专利权人）姓名或者名称（如果是无效程序中的通知书，还应当包括全体请求人）、申请号（或专利号）、发明创造名称。”

修订后的专利审查指南“通知和决定的撰写”第（2）项规定:“著录项目包括：申请号（或专利号）、发明创造名称、全体申请人（或专利权人）姓名或者名称，**如果是无效、中止程序中的通知书，还应当包括全体请求人的姓名或者名称。**”

（2）修订后的专利审查指南删除了“在专利申请的审批程序中，通知和决定一般为一式两份，正副本各一份，副本发出，正本存档。在专利的无效宣告程序中，通知和决定的份数根据参加程序的有关方数目来确定”。

【修订说明】

（1）对于通知和决定应当包括的著录项目的内容，修订后的专利审查指南增加“中止程序中的通知书内容，还应当包括全体请求人的姓名或者名称”，完善了通知书的填写内容。

（2）随着电子化审批系统的不断完善，审查员发出的通知和决定均以图形文件的形式存储于数据库中，不需要再打印一份通知书存入纸件文档中。因此，修订后的专利审查指南删除了“通知和决定应为一式两份，正副本各一份，副本发出，正本存档”的规定。

三、关于送达日（第2.3节）

【修订内容】原审查指南规定：“（1）通过邮寄的通知和决定，自发文日起满十五日推定为当事人收到通知和决定之日。当事人提供证据，证明实际收到日在推定收到日之后的，以实际收到日为送达日。

（2）直接送交的通知和决定，以通知或者决定上注明的发文日为交付日，自交付日起满十五日推定为收到通知和决定之日。”

修订后的专利审查指南规定：“**通过邮寄、直接送交和电子方式送达的通知和决定**，自发文日起满十五日推定为当事人收到通知和决定之日。对于通过邮寄的通知和决定，当事人提供证据，证明实际收到日在推定收到日之后的，以实际收到日为送达日。”

【修订说明】从有利于当事人的角度出发，明确规定了以电子方式送达的通知和决定的送达日与邮寄、直接送交的一致，自发文日起满十五日推定为收到日。一是，鼓励申请人使用电子申请的一项优惠政策；二是，统一期限的计算方法，简化程序。

第七章　期限、权利的恢复、中止

专利审查指南第五部分第七章的修订主要包括以下五个方面：第一，关于期限的计算，明确推定收到日的计算规则以及期限届满日遇法定休假日或者移用周休息日的计算规则；第二，关于权利恢复手续的补正，修改了权利恢复手续的审批程序；第三，关于请求中止的条件，修改了权属纠纷当事人请求中止的条件；第四，关于中止的范围，根据专利法实施细则第八十八条的规定，进一步明确中止的范围；第五，关于请求中止的手续和审批，进一步完善了各项规定。

一、关于期限的计算（第2.3节）

（一）关于推定收到日

【修订内容】专利审查指南新增有关推定收到日的计算示例：**“专利局于2008年6月6日发出审查意见通知书，指定期限两个月，其推定收到日是2008年6月21日（遇休假日不顺延），则期限届满日应当是2008年8月21日。”**

【修订说明】举例说明推定收到日遇休假日不再顺延。明确了推定收到日的计算规则。

（二）关于期限届满日

【修订内容】原审查指南规定：“期限届满日是法定节假日的，以节假日后的第一个工作日为期限届满日。法定节日是指元旦（一天）、春节（三天）、国际劳动节（三天）、国庆节（三天)；法定假日是指每周的周六和周日。国家公告移用假日，以北京市政府的公告为准，例如，某一专利申请的申请日是2001年3月1日，其缴纳申请费的期限届满日应当是2001年5月8日，即2001年5月份的第一个工作日（5月1日~3日为国际劳动节法定假日，5月4日~7日是移用假日）。”

修订后的专利审查指南规定：“期限届满日是**法定休假日或者移用周休息日的，以法定休假日或者移用周休息日后的第一个工作日为期限届满日，该第一个工作日为周休息日的，期限届满日顺延至周一。法定休假日包括国务院发布的《全国年节及纪念日放假办法》第二条规定的全体公民放假的节日和《国务院关于职工工作时间的规定》第七条第一款规定的周休息日。”**

【修订说明】为了进一步明确期限届满日的定义，对原审查指南该部分内容的文字进行梳理；考虑到申请人的利益，特别规定对期限届满日落在周休息日的，不论其是否为移用工作日，在计算期限时，均将期限届满日顺延至周一。例如，专利局于2008年11月14日发出补正通知书，其推定收到日为2008年11月29日，指定期限两个月，则期限届满日本应为2009年1月29日，但是根据国务院办公厅的通知，2009年1月25日至2009年1月31日放假，其中，1月25日~27日为春节法定节日，1月28日~30日为移用周休息日，1月31日为周休息日，休假日后第一个工作日2009年2月1日为周日，故期限届满日顺延至周一2009年2月2日。

二、关于办理权利恢复手续的审批（第6.3节）

【修订内容】原审查指南规定：“已在规定期限内提交了书面请求并缴足恢复权利请求费，但仍不符合其他规定的，例如恢复权利请求书中的签字或者盖章不符合规定，或者申请人声明因丢失补正通知书而不能完成相应的补正，或者申请人因未提交在先申请文件副本而被视为未要求优先权，申请人请求恢复权利时，仍未提交该文件等情形。审查员应当发出办理恢复手续补正通知书，要求当事人在指定期限之内补正或者补办有关手续，补正或者补办的手续符合规定的，应当准予恢复权利，并发出恢复权利请求审批通知书。”

修订后的专利审查指南规定：“已在规定期限内提交了书面请求**或**缴足恢复权利请求费，但仍不符合规定的，审查员应当发出办理恢复权利手续补正通知书，要求当事人在指定期限之内补正或者补办有关手续，补正或者补办的手续符合规定的，应当准予恢复权利，并发出恢复权利请求审批通知书。”

【修订说明】考虑到申请人的利益，对当事人办理恢复手续的审批程序进行了修改，扩大了可补正的范围。原审查指南规定在规定期限内提交了恢复权利请求书并缴足恢复权利请求费，但仍不符合其他规定的，审查员应当发出办理恢复手续补正通知书，要求当事人在指定期限之内补办有关手续。而申请人仅提交恢复权利请求书，审查员仅进行等恢复费的处理，如果申请人因某种原因未缴纳恢复费，那么直到恢复期限届满后，审查员才发出恢复权利审批通知书，告知申请人因未在规定的恢复期内缴纳恢复费，不予恢复。此时，申请人再想补缴恢复费为时已晚。为了贯彻专利法鼓励发明创造的宗旨，切实为申请人办实事，此次专利审查指南对办理恢复手续的审批程序进行了修改，只要申请人提交了恢复权利请求书或者缴足了恢复权利请求费，但仍不符合其他规定的，审查员均发出办理恢复手续补正通知书，给予申请人办理手续补正的机会，从而解决实际工作中出现的问题。

三、关于请求中止的条件（第7.1节）

【修订内容】原审查指南规定：“请求专利局中止有关程序应当符合下列条件：

（1）当事人请求中止的，专利申请权（或专利权）权属纠纷已被地方知识产权管理部门或者人民法院受理；人民法院要求协助执行对专利申请权（或专利权）采取财产保全措施的，应当已作出财产保全的民事裁定。

（2）中止的请求人是权属纠纷的当事人或者对专利申请权（或专利权）采取财产保全措施的人民法院。

（3）当事人请求中止的，缴纳了中止程序请求费。”

修订后的专利审查指南删除了上述内容中的“（3）当事人请求中止的，缴纳了中止程序请求费”。

【修订说明】根据专利法实施细则第九十三条的规定，因权属纠纷请求专利局中止有关程序的，不需要缴纳中止程序请求费，因此在修订后的专利审查指南中删除了相关内容。

四、关于中止的范围（第7.2节）

【修订内容】原审查指南规定：“中止的范围是：

（1）停止办理撤回专利申请、放弃专利权、权利转移等直接涉及权利丧失或者转移的手续。

（2）停止作出视为撤回、专利权终止、授予专利权、视为放弃取得专利权、宣告专利权无效等与执行调处结论或者判决直接有关的通知或者决定。

（3）停止申请人（或专利权人）的姓名或者名称的变更、授予专利权、颁发专利证书和授权公告程序。

（4）停止全部审查、复审、无效宣告请求审查程序。”

修订后的专利审查指南规定：“**中止的范围是指：**

（1）暂停专利申请的初步审查、实质审查、复审、授予专利权和专利权无效宣告程序；

（2）暂停视为撤回专利申请、视为放弃取得专利权、未缴年费终止专利权等程序；

（3）暂停办理撤回专利申请、放弃专利权、变更申请人（或专利权人）的姓名或者名称、转移专利申请权（或专利权）、专利权质押登记等手续。”

【修订说明】依据专利法实施细则第八十八条，对中止范围的文字表述进行梳理，进一步明确了中止的范围。

五、关于请求中止的手续和审批（第7.3节）

（一）关于权属纠纷当事人请求中止的手续（第7.3.1.1节）

【修订内容】原审查指南规定：“专利申请权（或专利权）权属纠纷的当事人请求专利局中止有关程序的，应当符合下列规定：

（1）提交中止程序请求书；

（2）附具证明文件，即地方知识产权管理部门或者人民法院出具的受理通知书正本或者副本；

（3）在提出请求之日起一个月内缴纳中止程序请求费。”

修订后的专利审查指南对本节作了如下修改：

（1）修订后的专利审查指南将上述内容中的第（2）项修改为：“附具证明文件，即地方知识产权管理部门或者人民法院**的写明专利申请号（或专利号）**的有关受理文件正本或者副本”，其中的“写明专利申请号（或专利号）”为新增的内容。

（2）修订后的专利审查指南删除了上述内容中的“（3）在提出请求之日起一个月内缴纳中止程序请求费”。

【修订说明】

（1）根据专利法实施细则第八十六条第二款的规定作出适应性修改，要求当事人提交的地方知识产权管理部门或者人民法院出具的受理权属纠纷的证明文件应当写明专利申请号（或专利号）。

（2）根据专利法实施细则第九十三条的规定，因权属纠纷请求专利局中止有关程序的，不需要缴纳中止程序请求费，因此删除了原审查指南中“（3）在提出请求之日起一个月内缴纳中止程序请求费”的要求。

（二）关于权属纠纷当事人请求中止的审批及处理（第7.3.1.2节）

【修订内容】原审查指南规定：“专利局收到当事人提出的中止程序请求书和有关证明后，专利局的流程管理部门应当审查下列各项内容：

（1）请求中止的专利申请（或专利）是否已发出权利丧失的处分决定，涉及无效宣告程序的除外；

（2）是否已执行了中止程序；

（3）请求是否由有关证明文件中所记载的权属纠纷当事人提出；

（4）受理权属纠纷的机关是否对该专利申请（或专利）权属纠纷案有管辖权；

（5）证明文件中记载的申请号（或专利号）、发明创造名称和权利人是否与请求中止的专利申请（或专利）记载的内容一致；

（6）中止请求书与证明文件其他方面是否符合规定的形式要求；

（7）当事人是否在提出请求之日起一个月内缴足了中止程序请求费。”

修订后的专利审查指南规定：“专利局收到当事人提出的中止程序请求书和有关证明后，**专利局的流程管理部门应当审查是否满足下列各项条件：**

（1）请求中止的专利申请（或专利）**未丧失权利，**涉及无效宣告程序的除外；

（2）**未执行中止程序；**

(3) **请求是**由有关证明文件中所记载的**权属纠纷当事人提出**；

(4) 受理权属纠纷的机关对该专利申请（或专利）权属纠纷案**有管辖权**；

(5) 证明文件中**记载**的申请号（或专利号）、发明创造名称和权利人与请求中止的专利申请（或专利）记载的内容**一致**；

(6) 中止请求书与证明文件其他方面**符合规定的形式要求**。"

【修订说明】将专利局的流程管理部门应当审查的7项内容修改为应当满足的6项条件，由于不再设立中止程序请求费，因此删除了第7项。

为了保护权属纠纷当事人的利益，避免专利申请人（或专利权人）怠于行使权利恢复的权利，使得胜诉的一方权属纠纷当事人无法获得一项有效的专利申请（或专利），将可以启动中止程序的条件由原审查指南规定的"（1）请求中止的专利申请（或专利）是否已发出权利丧失的处分决定，涉及无效宣告程序的除外"修改为"请求中止的专利申请（或专利）未丧失权利，涉及无效宣告程序的除外"，即：启动中止程序的条件之一从当事人可以在处分决定发出日之前（不含发出日）请求启动中止程序，延长为可以在发出日之后的权利恢复期期限届满前请求启动中止程序。

（三）关于因协助执行财产保全而中止的审核及处理（第7.3.2.2节）

【修订内容】原审查指南规定："专利局收到人民法院的民事裁定书和协助执行通知书后，应当按照本章第7.3.2.1节的规定进行审核，并按照下列情形处理：

……

(2) 符合规定的，应当执行中止，并向人民法院发出保全程序开始通知书，说明协助执行财产保全期限的起止日期（自收到协助执行通知书之日起），并对专利权的财产保全予以公告。”

修订后的专利审查指南规定：“专利局收到人民法院的民事裁定书和协助执行通知书后，应当按照本章第 7.3.2.1 节的规定进行审核，并按照下列情形处理：

……

（2）符合规定的，应当执行中止，并向人民法院**和申请人（或专利权人）发出保全程序开始通知书**，说明协助执行财产保全期限的起止日期（自收到民事裁定书之日起），并对专利权的财产保全予以公告。”

【修订说明】保全程序开始通知书除向作出保全裁定的人民法院发出外，增加向申请人（或专利权人）发出的程序，以告知申请人（或专利权人）。

（四）关于因协助执行财产保全而中止的期限（第 7.4.2 节）

【修订内容】原审查指南规定：“人民法院要求继续采取财产保全措施的，应当在中止期限届满前将继续保全的民事裁定书及协助执行通知书送达专利局，经审核符合第五部分第七章第 7.3.2.1 节规定的，中止程序延长六个月。但同一法院要求的总保全期不得超过一年，即总保全期满一年的，专利局自行恢复有关程序，审查员应当发出中止程序结束通知书。对轮候登记在先的，自前一保全结束之日起轮候保全开始，中止期限为六个月，审查员应当向前一个人民法院发出中止程序结束通知书，向轮候保全的人民法院发出保全程序开始通知书，并说明协助执行财产保全期的起止日期。”

修订后的专利审查指南规定：“人民法院要求继续采取财产保全措施的，应当在中止期限届满前将继续保全的**协助执行通知书送达专利局**，经审核符合本章第 7.3.2.1 节规定的，中止程序续展六个月。**对于同一法院对同一案件在执行程序中作出的保全裁定，专利局中止的期限不超过十二个月，在审判程序中作出的保全裁定，专利局中止的期限可以适当延长。”**

修订后的专利审查指南删除了原审查指南本节第二段中的“对轮候登记在先的，自前一保全结束之日起轮候保全开始，中止期限为六个月，审查员应当向前一个人民法院发出中止程序结束通知书，向轮候保全的人民法院发出保全程序开始通知书，并说明协助执行财产保全期的起止日期”，并将其移至专利审查指南第五部分第七章第7.5.2节中作为第一段。

【修订说明】

人民法院要求继续采取财产保全措施的，应当在中止期限届满前再次向专利局送达协助执行通知书，不必再次送达民事裁定书。

因法院审判程序的需要，同一法院对于同一案件在审判程序中作出的保全裁定，专利局中止的期限不受十二个月的限制，可以适当延长。

为了使体例更趋合理，将原审查指南第7.4.2中有关轮候保全的规定移到专利审查指南第7.5.2节中。

（五）关于权属纠纷的当事人提出的中止程序的结束（第7.5.1节）

【修订内容】本节作了如下修改：

（1）修订后的专利审查指南将第三段修改为：“专利局收到当事人、**利害关系人**、地方知识产权管理部门或者人民法院送交的调解书、**裁定书**或者判决书后，应当审查下列各项：……”，其中的“**利害关系人**”和“**裁定书**”为新增的内容。

（2）修订后的专利审查指南将第八段修改为：“文件符合规定，但涉及权利人变更的，审查员应当发出办理手续补正通知书，通知取得权利一方的当事人在收到通知书之日起三个月内办理著录项目变更手续，并补办在中止程序中应办而未办的其他手续；取得权利一方的当事人办理有关手续后，审查员应当发出中止程序结束通知书，通知双方当事人，恢复有关程序。期满未办理有关手续的，视为放弃取得专利申请权（或专利权）的权利，**审查员应当向取得权利的一方当事人发出视为放弃取得专利申请权或专利权的权利通知书，期满未办理恢复手续的，中止程序结束，审查员应当发出中止程序结束通知书，通知权属纠纷的双方当事人，恢复有关程序。”**

【修订说明】

（1）首先，为了避免权属纠纷当事人利用中止程序拖延无效程序，增加“利害关系人”作为可以请求结束中止程序的请求人，以维持正常的审查秩序。例如：无效程序请求人在得知权属纠纷的当事人已经撤诉或结案的情况下，可以请求专利局结束中止程序。其次，补充规定人民法院出具的“裁定书”可以作为结束中止程序的文件之一。

（2）补充并完善权属纠纷的当事人提出的中止程序的结束程序。对于取得权利一方的当事人，未在补正期限内办理著录项目变更和其他相关手续的，专利局将发出《视为放弃取得专利申请权或专利权的权利通知书》，而不是《视为撤回通知书》或者《视为放弃取得专利权通知书》。修订后的专利审查指南明确规定当事人可以通过启动恢复程序补办著录项目变更手续和其他在中止程序中应办而未办的手续。并且进一步明确规定取得权利的一方当事人期满未办理恢复手续的，中止程序结束，审查员将发出中止程序结束通知书，通知权属纠纷的双方当事人，恢复有关程序。

第八章　专利公报和单行本的编辑

专利审查指南第五部分第八章的修订主要包括以下三个方面：第一，关于专利公报，增加电子形式的专利公报，补充规定实用新型专利公报和外观设计专利公报的内容；第二，关于事务部分的编辑，增加了专利实施许可合同备案的变更及注销以及专利权质押合同登记的变更及注销的公告内容，将专利权质押合同登记与专利权的保全及解除分项公告，增加一项事务公告类型，用于避免重复授权放弃实用新型专利权的公告；第三，关于专利单行本，修改发明专利申请公布说明书、发明专利说明书和实用新型专利说明书的名称。

一、关于专利公报（第1节）

（一）关于专利公报的种类（第1.1节）

【修订内容】原审查指南规定：“专利公报以期刊形式或者专利局规定的其他形式发行。”

修订后的专利审查指南规定：“专利公报以期刊形式发行，**同时以电子公报形式在国家知识产权局政府网站上公布**，或者以专利局规定的其他形式公布。”

【修订说明】专利审查指南根据专利法实施细则第九十一条修改了此处的规定，免费提供网上查阅专利公报和发明专利申请单行本以及发明专利、实用新型专利、外观设计专利单行本。

（二）关于实用新型专利公报（第 1.2.2 节）

【修订内容】原审查指南规定："实用新型专利公报包括实用新型专利权授予、实用新型专利事务和授权公告索引。"

修订后的专利审查指南规定："实用新型专利公报包括实用新型专利权授予、**保密实用新型专利**、实用新型专利事务和授权公告索引。"

【修订说明】专利审查指南根据专利法实施细则第七条第二款作相应修改，在实用新型专利公报中增加有关保密实用新型专利的内容，包括保密实用新型专利权的授予和保密实用新型专利权的解密。

（三）关于实用新型专利权的授予（第 1.2.2.1 节）

【修订内容】新增内容："**申请人在申请时对同样的发明创造已申请发明专利作出说明的，应予以公告**。"

【修订说明】根据专利法实施细则第四十一条第三款的规定，申请人在申请时作出的对同样的发明创造已申请发明专利的说明，在授予实用新型专利权公告时，应当予以公告。公告的内容为"同样的发明创造同日申请人已申请发明专利"。

（四）关于外观设计专利权的授予（第 1.2.3.1 节）

【修订内容】原审查指南规定："外观设计专利权授予公告的内容包括：著录事项、外观设计的图片或者照片以及简要说明，专利文件中没有简要说明的，则不包括简要说明。"

修订后的专利审查指南规定："外观设计专利权授予公告的内容包括：著录事项、**外观设计专利的一幅图片或者照片**。"

【修订说明】根据专利法实施细则第九十条第（五）项的规定，在外观设计专利权授权公告时，专利公报上只公告一幅图片或照片。全部图片或照片及简要说明将在外观设计专利单行本中公告。

二、关于事务部分的编辑（第1.3.2节）

（一）关于专利实施许可合同备案的生效、变更及注销（第1.3.2.6节）

【修订内容】原审查指南第1.3.5.6节关于专利实施许可合同的备案规定为“公布的项目包括：主分类号、专利号、申请日、授权公告日、许可种类（独占、排他、普通）、备案日”。

修订后的专利审查指南第1.3.2.6节关于专利实施许可合同备案的生效、变更及注销规定为：“**专利实施许可合同备案生效公布的项目包括：**主分类号、专利号、**备案号、让与人、受让人、发明名称**、申请日、**发明公布日**、授权公告日、许可种类（独占、排他、普通）、备案日。

专利实施许可合同备案**变更**公布的项目包括：主分类号、专利号、**备案号、变更日、变更项（许可种类、让与人、受让人）及变更前后内容。**

专利实施许可合同备案**注销**公布的项目包括：主分类号、专利号、**备案号、让与人、受让人、许可合同备案解除日。”**

【修订说明】为完善法律规定，增加了专利实施许可合同备案的变更及注销的公告内容，并对专利实施许可合同备案的生效、变更及注销公告项目进行了补充。

（二）关于专利权质押合同登记的生效、变更及注销（第1.3.2.7节）

【修订内容】原审查指南第1.3.5.7节关于专利权的质押、保全及其解除规定为：“质押（保全）公布的项目包括：主分类号、专利号、申请日、授权公告日、质押（保全）登记生效日。

质押（保全）解除公布的项目包括：主分类号、专利号、申请日、授权公告日、质押（保全）解除日。”

修订后的专利审查指南本章第 1.3.2.7 节关于专利权质押合同登记的生效、变更及注销规定为："专利权质押合同登记生效公布的项目包括：主分类号、专利号、**登记号**、质押合同登记生效日、**出质人、质权人、发明名称**、申请日、授权公告日。

专利权质押合同登记**变更**公布的项目包括：主分类号、专利号、**登记号、变更日、变更项（出质人、质权人）及变更前后内容**。

专利权质押合同登记**注销**公布的项目包括：主分类号、专利号、**登记号、出质人、质权人**、申请日、授权公告日、**质押合同登记解除日**。"

【修订说明】为完善法律规定，增加了专利权质押合同登记的变更及注销的公告内容，并对专利权质押合同登记的生效、变更及注销公告项目进行了补充。

（三）关于专利权的保全及其解除（第 1.3.2.8 节）

【修订内容】原审查指南第 1.3.5.7 节已修改为第 1.3.2.7 节及第 1.3.2.8 节，该节关于"专利权的质押、保全及其解除"的规定为："质押（保全）公布的项目包括：主分类号、专利号、申请日、授权公告日、质押（保全）登记生效日。

质押（保全）解除公布的项目包括：主分类号、专利号、申请日、授权公告日、质押（保全）解除日。"

修订后的专利审查指南第 1.3.2.8 节关于"专利权的保全及其解除"的规定为："**保全公布的项目包括：主分类号、专利号、申请日、授权公告日、保全登记生效日。**

保全解除公布的项目包括：主分类号、专利号、申请日、授权公告日、保全解除日。"

【修订说明】因修改后的专利权质押合同登记的生效、变更及注销与专利权的保全及其解除公告的数据项已不相同，故在第 1.3.2.7 节和第 1.3.2.8 节中将其分开撰写。

（四）关于专利权的全部或者部分无效宣告（第 1.3.2.10 节）

【修订内容】原审查指南第 1.3.5.9 节关于专利权的全部或者部分无效宣告规定为："公布的项目包括：主分类号、专利号、授权公告日、无效宣告决定号、无效宣告决定日。"

修订后的专利审查指南将原审查指南第 1.3.5.9 节修改为第 1.3.2.10 节，该节关于专利权的全部或者部分无效宣告的规定为："**专利权全部无效宣告**公布的项目包括：主分类号、专利号、授权公告日、无效宣告决定号、无效宣告决定日。

专利权部分无效宣告公布的内容包括：主分类号、专利号、授权公告日、无效宣告决定号、无效宣告决定日、维持有效的权利要求。"

【修订说明】为完善法律规定，增加了专利权部分无效宣告公布的内容，将实际做法写入专利审查指南。

（五）关于避免重复授权放弃实用新型专利权（第 1.3.2.12 节）

【修订内容】专利审查指南新增第 1.3.2.12 节关于避免重复授权放弃实用新型专利权的规定："**公布的项目包括：主分类号、专利号、申请日、授权公告日、放弃生效日。**"

【修订说明】依据专利法实施细则第四十一条第四款及第五款，将避免重复授权放弃实用新型专利权的声明进行公告，放弃生效日为发明专利的授权公告日。

三、关于专利申请及专利单行本（第 2 节）

（一）关于单行本的种类（第 2.1 节）

【修订内容】原审查指南第 2.1 节关于说明书全文的种类规定为："说明书全文包括发明专利申请公布说明书、发明专利说明书和实用新型专利说明书。"

修订后的专利审查指南第 2.1 节关于单行本的种类规定为：“**单行本**的种类包括：**发明专利申请单行本、发明专利单行本、实用新型专利单行本及外观设计专利单行本**。”

【修订说明】专利审查指南本节根据专利法实施细则第九十一条修改，将发明专利申请公布说明书、发明专利说明书和实用新型专利说明书称为发明专利申请单行本、发明专利单行本和实用新型专利单行本。

（二）关于外观设计专利单行本（第 2.2.4 节）

【修订内容】原审查指南规定：“外观设计专利单行本的文献种类代码为‘S’。包括：扉页、彩色外观设计图片或者照片。”

修订后的专利审查指南规定：“外观设计专利单行本的文献种类代码为‘S’。包括：扉页、彩色外观设计图片或者照片**以及简要说明。**”

【修订说明】专利审查指南根据专利法实施细则第二十八条作适应性修改。由于简要说明的内容增多，将其内容从扉页中移至单行本。

第九章　专利权的授予和终止

专利审查指南第五部分第九章的修订主要包括以下三个方面：第一，进一步细化了专利权的授予程序；第二，进一步明确了专利证书颁发的规定；第三，进一步完善了有关专利权终止的规定。

一、关于专利权的授予（第1节）

（一）关于登记手续（第1.1.3节）

【修订内容】原审查指南规定："申请人在办理登记手续时，应当在规定的期限内缴纳专利登记费、授权当年（办理登记手续通知书中指明的年度）的年费、公告印刷费，同时还应当缴纳专利证书印花税。发明专利申请还应当一并缴纳除授权当年之外的各年度的申请维持费。"

修订后的专利审查指南规定："申请人在办理登记手续时，**应当按照办理登记手续通知书中写明的费用金额缴纳专利登记费、授权当年（办理登记手续通知书中指明的年度）的年费、公告印刷费，同时还应当缴纳专利证书印花税。**"

【修订说明】根据专利法实施细则第九十七条作适应性修改，取消发明专利申请维持费。修订后的专利审查指南删除了"发明专利申请还应当一并缴纳除授权当年之外的各年度的申请维持费"，同时规定申请人在办理登记手续时，应当按照办理登记手续通知书中写明的费用金额及种类缴纳相关费用。

（二）关于专利证书的构成（第1.2.1节）

【修订内容】原审查指南规定："发明和实用新型的专利证书由证书首页和专利说明书构成；外观设计的专利证书由证书首页和外观设计专利单行本构成。"

修订后的专利审查指南规定："**专利证书由证书首页和专利单行本构成。**"

【修订说明】根据专利法实施细则第九十一条规定作适应性修改，将专利说明书统称为专利单行本。

二、关于专利权的终止（第2节）

（一）关于专利权期满终止（第2.1节）

【修订内容】原审查指南规定："发明专利权的期限为二十年，实用新型专利权和外观设计专利权期限为十年，均自申请日起计算。"

修订后的专利审查指南在原审查指南的基础上增加有关专利权期限计算的示例："**例如，一件实用新型专利的申请日是1999年9月6日，该专利的期限为1999年9月6日至2009年9月5日，专利权期满终止日为2009年9月6日（遇节假日不顺延）。**"

【修订说明】举例说明专利权的期限的计算方法，按照年度的计算方法计算，即自申请日起算，并包括申请日。专利权期满终止日为专利权期满年度相应的申请日，并规定专利权期满终止日为节假日的不予顺延。

（二）关于年费（第2.2.1节）

【修订内容】原审查指南规定："除授予专利权当年的年费应当在办理登记手续的同时缴纳以外，以后的年费应当在前一年度期满前一个月内预缴。"

修订后的专利审查指南规定："授予专利权当年的年费应当

在办理登记手续的同时缴纳，以后的年费应当在**上一年度期满前缴纳。缴费期限届满日是申请日在该年的相应日。**”

【修订说明】专利审查指南根据专利法实施细则第九十八条作适应性修改，取消年费应当在前一年度期满前一个月内预缴的规定，明确年费只要在上一年度期满前缴纳即可。同时指明缴费期限届满日为申请日在该年的相应日。修订后的专利审查指南更加方便申请人缴纳专利费用，符合申请人的实际需求。

（三）关于避免重复授权放弃专利权（第2.3节）

【修订内容】原审查指南规定：“涉及专利法实施细则第十三条第一款的放弃专利权声明，应当声明自申请日起放弃专利权。专利局收到放弃专利权声明后，由相应流程管理部门予以登记和公告，放弃专利权的生效日为所放弃专利的申请日。”

修订后的专利审查指南规定：“**申请人依据专利法第九条第一款和专利法实施细则第四十一条第四款声明放弃实用新型专利权的，专利局在公告授予发明专利权时对放弃实用新型专利权的声明予以登记和公告。在无效宣告程序中声明放弃实用新型专利权的，专利局及时登记和公告该声明。放弃实用新型专利权声明的生效日为发明专利权的授权公告日，放弃的实用新型专利权自该日起终止。**”

【修订说明】根据专利法第九条第一款和专利法实施细则第四十一条第四款作适应性修改。首先，对于同一申请人就同样的发明创造同日既申请发明专利，又申请实用新型专利，并在申请时说明的，在发明专利申请符合授权条件时，如果申请人声明放弃实用新型专利权，则授予发明专利权，放弃实用新型专利权的生效日为发明专利权的授权公告日。其次，如果在发明专利申请符合授权条件时，审查员未要求申请人放弃实用新型专利权，那么，在之后的无效宣告程序中申请人还可以声明放弃实用新型专利权，放弃实用新型专利权的生效日仍为发明专利权的授权公告日。

第十章　专利权评价报告

根据专利法的规定，实用新型和外观设计专利申请只进行初步审查而不进行实质审查，因此实用新型和外观设计专利权的法律稳定性较差。如果专利权人对实际上不符合专利法规定的授权条件的实用新型和外观设计专利权过于轻率地行使其权利，容易浪费专利权人的人力财力，损害公众权益，浪费行政部门和司法机关的资源。同时近年来，我国实用新型和外观设计专利申请和授权数量快速增长，使得上述问题更加突出。因此，修改后的专利法将专利检索报告制度的对象范围由实用新型专利扩大到包括外观设计专利，并将报告的名称改为“专利权评价报告”，由仅评价是否具备新颖性、创造性扩大到对实用新型专利和外观设计专利是否符合专利法规定的授权条件进行全面分析和评价，同时将请求人的范围由专利权人扩大到包括利害关系人。相应地，原审查指南第二部分第七章第13节“实用新型专利检索”部分已经不适合修改后的专利法的要求，故将关于“专利权评价报告”的内容单独成章，在修订后的专利审查指南中增加第五部分第十章，该章主要对作出评价报告的程序及评价报告所涉及的评价内容进行了规定，而授予专利权的实质性条件的评价标准参见专利审查指南的其他相关章节。

一、关于引言（第1节）

（一）关于作出专利权评价报告的法律依据

【修订内容】为明确作出专利权评价报告的法律依据，修订后的专利审查指南规定：“**专利法第六十一条第二款规定，专利侵权纠纷涉及实用新型专利或者外观设计专利的，人民法院或者管理专利工作的部门可以要求专利权人或者利害关系人出具由国家知识产权局作出的专利权评价报告。**

国家知识产权局根据专利权人或者利害关系人的请求，对相关实用新型专利或者外观设计专利进行检索，并就该专利是否符合专利法及其实施细则规定的授权条件进行分析和评价，作出专利权评价报告。”

【修订说明】上述内容明确了作出专利权评价报告的法律依据是专利法第六十一条第二款，同时明确专利权评价报告就授权的实用新型或者外观设计专利是否符合专利法及其实施细则规定的授权条件进行评价。

（二）关于专利权评价报告的作用

【修订内容】为明确专利权评价报告的作用，修订后的专利审查指南规定：“**专利权评价报告是人民法院或者管理专利工作的部门审理、处理专利侵权纠纷的证据，主要用于人民法院或者管理专利工作的部门确定是否需要中止相关程序。**”

【修订说明】上述内容明确了专利权评价报告的主要作用。当然，专利权评价报告还可以帮助专利权人和社会公众正确认识相关专利权的法律稳定性。对于专利权人而言，可以避免盲目采取不适宜的行使其专利权的行为，从而免除对其自身利益的损害；对公众而言，可以避免就不符合授权条件的专利权进行没有价值的交易行为，例如受让专利权、订立专利权许可实施合同等。上述规定有利于正确引导专利权人或者利害关系人提出评价请求，并合理对待专利权评价报告。

（三）关于专利权评价报告的性质

【修订内容】为明确专利权评价报告的性质，修订后的专利审查指南规定：**“专利权评价报告不是行政决定，因此专利权人或者利害关系人不能就此提起行政复议和行政诉讼。”**

【修订说明】专利权评价报告只是国家知识产权局出具的关于实用新型专利权或者外观设计专利权稳定性的证据。专利权是否有效，只能由无效宣告程序来确定。因此，它既不是行政决定，也不是对专利权有效性的正式判定，专利权人或者利害关系人不能就此提起行政复议和行政诉讼。

二、关于专利权评价报告请求的形式审查（第2节）

本节分别从评价报告请求的客体、请求人资格、专利权评价报告请求书的要求、费用、委托手续以及形式审查后的处理等方面作出具体规定。

（一）关于专利权评价报告请求的客体（第2.1节）

【修订内容】修订后的专利审查指南规定：**“专利权评价报告请求的客体应当是已经授权公告的实用新型专利或者外观设计专利，包括已经终止或者放弃的实用新型专利或者外观设计专利。针对下列情形提出的专利权评价报告请求视为未提出：**

（1）未授权公告的实用新型专利申请或者外观设计专利申请；

（2）已被专利复审委员会宣告全部无效的实用新型专利或者外观设计专利；

（3）国家知识产权局已作出专利权评价报告的实用新型专利或者外观设计专利。”

【修订说明】首先，根据专利法实施细则第五十六条第一款的规定，只有授权公告的实用新型或者外观设计专利才可以被请求对其作出专利权评价报告。因此，对于未授权公告的实用新型或者外观设计专利申请，不得提出专利权评价报告请求。其次，一项实用新型或者外观设计专利权被宣告无效后，该专利权被视为自始不存在，因此也不得对其提出专利权评价报告请求。再者，根据专利法实施细则第五十七条的规定，针对同一项实用新型或者外观设计专利权，仅作出一份专利权评价报告。因此，对于已作出过专利权评价报告的实用新型或者外观设计专利，不再作出专利权评价报告。

（二）关于请求人资格（第2.2节）

【修订内容】修订后的专利审查指南规定：“**根据专利法实施细则第五十六条第一款的规定，专利权人或者利害关系人可以请求国家知识产权局作出专利权评价报告。其中，利害关系人是指有权根据专利法第六十条的规定就专利侵权纠纷向人民法院起诉或者请求管理专利工作的部门处理的人，例如专利实施独占许可合同的被许可人和由专利权人授予起诉权的专利实施普通许可合同的被许可人。**”对于请求人不具备请求资格的，本节规定“**请求人不是专利权人或者利害关系人的，其专利权评价报告请求视为未提出**”。对于多人共有专利权的情形，本节规定“**实用新型或者外观设计专利权属于多个专利权人共有的，请求人可以是部分专利权人**”。

【修订说明】根据专利法实施细则第五十六条第一款给出的利害关系人的定义，专利实施独占许可合同的被许可人和由专利权人授予起诉权的专利实施普通许可合同的被许可人属于利害关系人。而且，既然利害关系人可以单独提出专利权评价报告请求，当然也应当允许共同专利权人中的部分人作为请求人。

（三）关于专利权评价报告请求书（第2.3节）

1. 关于请求书的格式和内容

【修订内容】修订后的专利审查指南规定：“**在请求作出专利权评价报告时，请求人应当提交专利权评价报告请求书及相关的文件。**”

第五部分

“专利权评价报告请求书应当采用国家知识产权局规定的表格。请求书中应当写明实用新型专利或者外观设计专利的专利号、发明创造名称、请求人和/或专利权人名称或者姓名。每一请求应当限于一件实用新型或者外观设计专利。”

【修订说明】相对于原实用新型专利检索报告，修订后的专利审查指南的规定简化了专利权评价报告请求的手续，不再要求请求人提交专利证书复印件，也不再要求其在请求书中写明专利的法律状态和附具有关证明文件，以方便请求人。

2. 关于专利权评价报告针对的文本

【修订内容】修订后的专利审查指南规定：**“请求书中应当指明专利权评价报告所针对的文本。所述文本应当是与授权公告一并公布的实用新型专利文件或者外观设计专利文件，或者是由生效的无效宣告请求审查决定维持有效的实用新型专利文件或者外观设计专利文件。如果请求作出专利权评价报告的文本是由生效的无效宣告请求审查决定维持部分有效的实用新型专利文件或者外观设计专利文件，请求人应当在请求书中指明相关的无效宣告请求审查决定的决定号。”**

【修订说明】出于简化手续，方便请求人的考虑，修订后的专利审查指南规定不再要求请求人提交实用新型专利说明书或者外观设计专利文件。即使专利权评价报告针对的文本是由生效的无效宣告请求审查决定维持部分有效的实用新型或者外观设计专利，只要请求人指明了无效宣告请求审查决定的决定号，作出专利权评价报告的部门可以很方便地获得相关决定，并确定专利权评价报告所针对的文本，无需请求人提交相关决定。

3. 关于利害关系人的证明手续

【修订内容】修订后的专利审查指南规定：**“请求人是利害关系人的，在提出专利权评价报告请求的同时应当提交相关证明**

文件。例如，请求人是专利实施独占许可合同的被许可人的，应当提交与专利权人订立的专利实施独占许可合同或其复印件；请求人是专利权人授予起诉权的专利实施普通许可合同的被许可人的，应当提交与专利权人订立的专利实施普通许可合同或其复印件，以及专利权人授予起诉权的证明文件。如果所述专利实施许可合同已在国家知识产权局备案，请求人可以不提交专利实施许可合同，但应在请求书中注明。”

【修订说明】当请求人是利害关系人时，应当提交相关证明文件予以证明。出于简化手续，方便请求人的考虑，在提交相关证明文件时，如果相关的专利实施许可合同已在国家知识产权局备案，则仅需注明备案号，可以不提交专利实施许可合同或其复印件。

（四）关于费用（第2.4节）

【修订内容】修订后的专利审查指南规定：“**请求人自提出专利权评价报告请求之日起一个月内未缴纳或者未缴足专利权评价报告请求费的，专利权评价报告请求视为未提出。**”

【修订说明】专利审查指南根据专利法实施细则第九十三条和第九十九条第三款作出上述规定。

（五）关于委托手续（第2.5节）

1. 关于涉外当事人的委托手续

【修订内容】修订后的专利审查指南规定：“**对于根据专利法第十九条第一款规定应当委托专利代理机构的请求人，未按规定委托的，国家知识产权局应当通知请求人在指定期限内补正。**”

【修订说明】原审查指南对于涉外当事人请求作出实用新型检索报告的委托手续未作规定，修订后的专利审查指南予以补充。

2. 关于专利权人在提出专利权评价报告请求时另行委托代理机构办理时的手续

【修订内容】修订后的专利审查指南规定：“**请求人是专利权人且已委托专利代理机构作全程代理，而在提出专利权评价报告请求时另行委托专利代理机构办理有关手续的，应当另行提交委托书，并在委托书中写明其委托权限仅限于办理专利权评价报告相关事务；委托手续不符合规定的，国家知识产权局应当要求请求人在指定期限内补正；期满未补正或者在指定期限内补正不符合规定的，视为未委托；本人办理的，应当说明本人仅办理专利权评价报告相关事务。**”

【修订说明】对于专利权人在提出专利权评价报告请求时另行委托代理机构的，原审查指南对于委托手续不符合规定时应当如何处理缺少相应的规定，本次专利审查指南修订予以补充，并且明确了未进行补正或者补正不合格的法律后果是“视为未委托”。

3. 关于利害关系人作为请求人时的委托手续

【修订内容】修订后的专利审查指南规定：“**请求人是利害关系人且委托专利代理机构办理的，应当提交委托书，并在委托书中写明委托权限为办理专利权评价报告相关事务；委托手续不符合规定的，国家知识产权局应当要求请求人在指定期限内补正；期满未补正或者在指定期限内补正不符合规定的，视为未委托。**”

【修订说明】对于利害关系人作为请求人的，与专利权人在提出专利权评价报告请求时另行委托代理机构办理的情形类似，两者的委托手续相同。

（六）关于形式审查后的处理（第2.6节）

【修订内容】对于答复补正通知书的期限，本节规定：

“……要求请求人在收到通知书之日起十五日内补正”。

对于被视为未提出的专利权评价报告请求，本节规定：**“……应当发出视为未提出通知书，通知请求人。”**

对于形式审查合格的专利权评价报告请求，本节规定：**“……应当及时转送给指定的作出专利权评价报告的部门。”**

此外，根据专利法实施细则第五十七条，本节规定：**“作出专利权评价报告前，多个请求人分别请求对同一件实用新型专利或者外观设计专利作出专利权评价报告的，国家知识产权局均予以受理，但仅作出一份专利权评价报告。”**

【修订说明】由于专利法实施细则规定的作出专利权评价报告的时限较短，而且涉及形式缺陷的补正通知书相对容易答复，因此将补正通知书的答复期限设定为十五日。对于专利权评价报告请求符合规定予以受理的，为了节约程序及时作出专利权评价报告，不发出受理通知书，而直接转送给指定的作出专利权评价报告的部门。

三、关于专利权的评价（第3节）

本节对专利权评价报告请求书的核查、实用新型或者外观设计专利权评价的内容以及实用新型或者外观设计专利的检索等内容进行规定。

（一）关于专利权评价报告请求书的核查（第3.1节）

【修订内容】修订后的专利审查指南规定：**“审查员首先应当核查专利权评价报告请求书及其相关文件。发现不符合规定的，返回相应的部门处理，并说明理由。”**

【修订说明】在作出专利权评价报告的过程中，如果发现专利权评价报告请求不符合相关的形式规定，应当由形式审查部门进行处理。

（二）关于专利权评价的内容（第 3.2 节）

【修订内容】修订后的专利审查指南对实用新型专利权评价的内容和外观设计专利权评价的内容分别作了规定，并将所涉及的法律条款一一列出。

【修订说明】实用新型或者外观设计专利权评价的内容涉及除专利法的两个条款外的全部无效理由。实用新型专利权评价的内容不包括专利法第二十条第一款关于向外申请保密审查的评价，外观设计专利权评价的内容不包括专利法第二十三条第三款关于权利冲突的评价。原因在于对于作出专利权评价报告的审查员而言，受所掌握的资料和证据的限制，难以针对上述条款涉及的内容作出准确评价。

（三）关于检索（第 3.3 节）

【修订内容】修订后的专利审查指南规定：“**一般情况下，作出实用新型专利权评价报告或者外观设计专利权评价报告前，都应当进行检索。**”

【修订说明】在对实用新型或者外观设计专利权进行评价时，应当基于检索结果进行，且评价的重点在于与现有技术或者现有设计的比对，而不进行检索直接作出评价报告的情形仅是例外。

（四）关于实用新型专利的检索（第 3.3.1 节）。

【修订内容】对于实用新型专利可以不必进行检索的情形，修订后的专利审查指南规定：“**（1）不符合专利法第二条第三款的规定；**

（2）属于专利法第五条或者第二十五条规定的不授予专利权的情形；

（3）不具备实用性；

（4）说明书和权利要求书未对该主题作出清楚、完整的说

明，以致于所属技术领域的技术人员不能实现。”

【修订说明】对于实用新型专利可以不必进行检索的情形，原审查指南是以参照发明专利申请检索相关内容的方式进行规定的，但实用新型专利与发明专利所涉及的法律条款不完全相同，因此修订后的专利审查指南对实用新型专利不必进行检索的情形予以明确规定。

（五）关于外观设计专利的检索（第3.3.2节）。

【修订内容】修订后的专利审查指南规定：“**检索应当针对外观设计专利的图片或照片表示的所有产品外观设计进行，并考虑简要说明的内容。**”而且，对于以下情形：“**（1）不符合专利法第二条第四款的规定；（2）属于专利法第五条或者第二十五条规定的不授予专利权的情形；（3）图片或者照片未清楚地显示要求专利保护的产品的外观设计**”可以不必进行检索。在进行检索时，“**审查员应当检索外观设计专利在中国提出申请之日以前公开的外观设计。为了确定是否存在抵触申请，审查员应当检索在该外观设计专利的申请日之前向专利局提交，并且在该外观设计专利的申请日后公告的外观设计专利。为了确定是否存在重复授权，审查员还应当检索在该外观设计专利的申请日向专利局提交的，并且已经公告的外观设计专利**”。

【修订说明】根据专利法第五十九条第二款的规定，外观设计专利权的保护范围以表示在图片或者照片中的该产品的外观设计为准，简要说明可以用于解释图片或者照片所表示的该产品的外观设计。因此，对外观设计专利进行检索应当针对外观设计专利的图片或照片表示的产品外观设计进行，并考虑简要说明的内容。对于一件外观设计专利中包含有多项外观设计的，应当对全部的外观设计进行检索。对于外观设计专利检索的时间界限、检索范围和顺序等，参照专利审查指南第二部分第七章关于发明专利申请检索的内容进行了原则性规定。

四、关于专利权评价报告（第4节）

（一）关于专利权评价报告（第4节）

【修订内容】关于专利权评价报告作出的时限，修订后的专利审查指南规定：“**国家知识产权局应当自收到合格的专利权评价报告请求书和请求费后两个月内作出专利权评价报告。**”

此外，本节规定：“**未发现被评价专利存在不符合专利法及其实施细则规定的授予专利权条件的，审查员应当在专利权评价报告中给出明确结论。**

对于被评价专利存在不符合专利法及其实施细则规定的授予专利权条件的，审查员应当在专利权评价报告中根据专利法及其实施细则具体阐述评价意见，并给出该专利不符合专利法及其实施细则规定的授予专利权条件的明确结论。”

【修订说明】专利法实施细则第五十七条规定：“国务院专利行政部门应当自收到专利权评价报告请求书后2个月内作出专利权评价报告。”上述规定中的“收到专利权评价报告请求书”应当是指收到合格的专利权评价报告请求书，并且收到请求人缴纳的专利权评价报告请求费。此外，专利权评价报告并不是一份行政决定，不必像行政决定那样对所有结论均给出所依据的理由。因此，本节针对专利权评价的不同结论，给出不同的评价要求。对于未发现被评价专利存在不符合授权条件的情况，只需给出结论，不必论述理由。对于被评价专利存在不符合授权条件的情况，则在给出结论的同时还需论述理由。

（二）关于专利权评价报告的内容（第4.1节）

【修订内容】参照原审查指南实用新型检索报告的内容，修订后的专利审查指南规定：“**专利权评价报告包括反映对比文件与被评价专利相关程度的表格部分，以及该专利是否符合专利法**

及其实施细则规定的授予专利权的条件的说明部分。”并补充了反映外观设计专利检索情况和结果的内容：“**对于外观设计专利权评价报告，其表格部分应当清楚地记载检索的领域、数据库、由检索获得的对比文件以及对比文件与外观设计专利的相关程度等内容。通常，采用下列符号表示对比文件与外观设计专利的关系：**

X：单独导致外观设计专利不符合专利法第二十三条第一款或第二款规定的文件；

Y：与报告中其他文件结合导致外观设计专利不符合专利法第二十三条第二款规定的文件；

A：背景文件，即反映外观设计的部分设计特征或者有关的现有设计的文件；

P：中间文件，其公开日在外观设计专利的申请日与所要求的优先权日之间的文件，或者会导致需要核实外观设计专利优先权的文件；

E：与外观设计专利相同或者实质相同的抵触申请文件；

R：任何单位或个人在申请日向专利局提交的、属于同样的发明创造的外观设计专利文件。

上述类型的文件中，符号X、Y和A表示对比文件与外观设计专利在内容上的相关程度；符号R和E同时表示对比文件与外观设计专利在时间上的关系和在内容上的相关程度；符号P表示对比文件与外观设计专利在时间上的关系，其后应附带标明文件内容相关程度的符号X、Y、E或A，它属于在未核实优先权的情况下所作的标记。”

【修订说明】原审查指南缺少有关外观设计专利检索报告的内容，修订后的专利审查指南参照发明和实用新型检索报告的填写要求和对比文件的类型并结合外观设计的特点，对外观设计专利权评价报告表格部分的填写要求以及对比文件与外观设计专利

第五部分

之间的关系作了规定。

（三）关于专利权评价报告的发送（第4.2节）

【修订内容】修订后的专利审查指南规定：“**专利权评价报告作出后，应当发送给请求人。**”

【修订说明】专利权评价报告不是行政决定，不是对专利权有效性的正式判定，当然也不涉及对专利权的处分。因此，出于简化程序的考虑，如果专利权评价报告请求是由利害关系人提出的，报告只发送给该利害关系人。

五、关于专利权评价报告的查阅与复制（第5节）

【修订内容】修订后的专利审查指南规定：“**根据专利法实施细则第五十七条的规定，国家知识产权局在作出专利权评价报告后，任何单位或者个人可以查阅或者复制。查阅、复制的相关手续参见本指南第五部分第四章第5.3节的规定。**”

【修订说明】为了提高行政效率，节约行政资源，专利评价报告作出后，任何单位或者个人都可以按照专利审查指南的相关规定进行查阅或者复制。

六、关于专利权评价报告的更正（第6节）

【修订内容】修订后的专利审查指南保留了原审查指南实用新型检索报告制度的更正程序。仅对原更正程序作适当的修订。将原审查指南中的“由原审核人任组长，相关领域的两名审查员分别任主核员和参核员，原承担检索的审查员不参加复核组”修订为“**作出原专利权评价报告的审查员和审核员不参加复核组**”。

【修订说明】由于专利法实施细则第五十七条规定，国家知识产权局应当自收到专利权评价报告请求书后两个月内作出专利权评价报告，因此，无法设置在作出专利权评价报告的过程中请求人可针对评价结论不利的情况陈述意见的环节。为弥补上述缺憾，保留了更正程序，同时规定，复核组不包括作出原专利权评价报告的审查员和审核员，以保证复核结果更为客观、公正。

第十一章　关于电子申请的若干规定

专利审查指南第五部分第十一章为新增加章节，主要包括以下五个方面：第一，明确了电子申请用户的定义；第二，明确了办理电子申请用户注册手续的方式及注册请求的审查；第三，明确规定了电子申请的受理范围；第四，完善了电子申请的特殊审查规定；第五，明确规定了电子发文的具体程序。

专利审查指南第五部分第十一章根据专利法实施细则第二条规定，对以专利局规定其他形式办理各种手续，即以电子文件形式办理各种手续，与以纸件形式办理各种手续的不同之处，独立撰写成章，以明确电子申请的特殊规定。同时明确规定专利法及其实施细则和专利审查指南中关于专利申请和其他文件的规定，除针对以纸件形式提交的专利申请和其他文件的规定之外，均适用于电子申请。

一、关于电子申请用户（第2节）

【修订内容】修改后的专利审查指南规定：“**电子申请用户是指已经与国家知识产权局签订电子专利申请系统用户注册协议(以下简称用户注册协议)，办理了有关注册手续，获得用户代码和密码的申请人和专利代理机构。**

2.1　电子申请代表人

申请人有两人以上且未委托专利代理机构的，以提交电子申请的电子申请用户为代表人。

2.2 电子签名

电子签名是指通过专利局电子专利申请系统提交或发出的电子文件中所附的用于识别签名人身份并表明签名人认可其中内容的数据。

专利法实施细则第一百一十九条第一款所述的签字或者盖章，在电子申请文件中是指电子签名，电子申请文件采用的电子签名与纸件文件的签字或者盖章具有相同的法律效力。”

【修订说明】

明确了电子申请用户的定义，其用户必须与国家知识产权局签订注册协定，办理相关注册手续，并获得用户代码和应码。明确了有多个申请人的，应当指定代表人提交电子申请，该代表人应当是电子申请用户。还明确了电子签名的定义，并指明电子申请文件采用的电子签名与纸件文件的签字或者盖章具有相同的法律效力。

二、关于电子申请用户注册（第3节）

【修订内容】修订后的专利审查指南规定：“**电子申请用户注册方式包括：当面注册、邮寄注册和网上注册。**

办理电子申请用户注册手续应当提交电子申请用户注册请求书、签字或者盖章的用户注册协议一式两份以及用户注册证明文件。

3.1 关于电子申请用户注册请求书

电子申请用户注册请求书应当采用专利局制定的标准表格，请求书中应当写明注册请求人姓名或者名称、类型、证件号码、国籍或注册地、经常居所地或营业所所在地、详细地址和邮政编码。

注册请求人是单位的，请求书中还应当写明经办人信息。

3.2 关于用户注册证明文件

注册请求人是个人的，应当提交由本人签字或者盖章的居民身份证件复印件或者其他身份证明文件。注册请求人是单位的，应当提交加盖单位公章的企业营业执照或者组织机构证复印件、经办人签字或者盖章的身份证明文件复印件。注册请求人是专利代理机构的，应当提交加盖专利代理机构公章的专利代理机构注册证复印件、经办人签字或者盖章的身份证明文件复印件。

3.3 关于注册请求的审查

注册材料经审查合格的，应当向注册请求人发出电子申请注册请求审批通知书和一份经专利局盖章的用户注册协议，并给予用户代码。当面注册的，由注册请求人当面设置密码；邮寄注册的，应当在电子申请注册请求审批通知书中告知注册请求人密码；网上注册的，由申请人在提出注册请求时预置密码。

注册材料经审查不合格，当面注册的，应当直接向注册请求人说明不予注册的理由，注册材料不予接收；邮寄注册和网上注册的，应当向注册请求人发出电子申请注册请求审批通知书，通知书应当记载不予注册的理由，注册材料不予退还。

3.4 关于电子申请用户信息的变更

注册用户的密码、详细地址、邮政编码、电话、传真、电子邮箱及信息提示方式等信息发生变更的，注册用户应当登录电子申请网站在线进行变更。

注册用户的姓名或者名称、类型、证件号码、国籍或注册地、经常居所地或营业所所在地等信息发生变更的，注册用户应当向专利局提交电子申请用户注册信息变更请求书及相应的证明文件，办理变更手续。

注册用户代码不予变更。”

【修订说明】

本节对电子用户注册方式、使用表格、填写信息、注册程序、提交文件以及电子申请用户信息变更作出详细的规定。

首先，明确了电子申请用户注册的三种方式。根据国家知识产权局信息化建设的发展状况，增加了网上注册的方式，以方便当事人办理电子申请用户注册手续。

其次，明确规定办理用户注册手续的，应当提交电子申请用户注册请求书，并附具注册证明文件，同时对注册请求人是个人、单位、专利代理机构的所提交的用户注册证明文件进行了限定。

本节还对办理电子申请用户信息变更的手续进行了规定。凡是注册用户信息变更的，注册用户应当向专利局提交变更请求书及相应的证明文件，办理变更手续，同时专利审查指南明确规定注册用户代码不予变更。

三、关于电子申请的接收和受理（第4节）

【修订内容】修订后的专利审查指南规定：

"电子申请受理范围包括：

（1）发明、实用新型和外观设计专利申请。

（2）进入国家阶段的国际申请。

（3）复审和无效宣告请求。

4.1　电子申请的接收

申请人应当按照规定的文件格式、数据标准、操作规范和传输方式提交电子申请文件。符合规定的，发出文件接收情况的电子申请回执；不符合规定的，不予接收。

任何单位和个人认为其专利申请需要按照保密专利申请处理的，不得通过电子专利申请系统提交。

4.2 电子申请的受理

电子申请的内容明显不属于专利申请的，不予受理。

电子申请的受理条件应当符合本指南第五部分第三章第2.1节的规定，受理程序如下：

（1）确定递交日和申请日

专利局电子专利申请系统收到电子文件的日期为递交日。

专利局电子专利申请系统收到符合专利法及其实施细则规定的专利申请文件之日为申请日。

（2）给出申请号

专利局电子专利申请系统根据专利申请的类型和申请日，自动分配申请号，并将申请号记载在请求书和数据库中。

（3）发出通知书

电子申请经审查符合受理条件的，审查员应当发出专利申请受理通知书和缴纳申请费通知书；提出费用减缓请求的，应当发出专利申请受理通知书和费用减缓审批通知书。”

【修订说明】

本节针对电子申请的受理范围，增加了进入国家阶段的国际申请的受理及复审和无效宣告请求的受理。

对电子申请的接受形式进行了规定，同时明确电子申请系统不接收保密专利申请。

本节明确规定了对于电子申请的内容明显不属于专利申请的，不予受理，例如，首次使用电子申请系统的电子申请用户所进行的尝试性的操作而提交的专利申请。电子申请经审查符合受理条件的，专利局将确定申请日，给出申请号，并发出相应的通知书。

本节还规定了电子申请的递交日、申请日的确定方法。

四、关于电子申请的特殊审查规定（第5节）

（一）关于专利代理委托书（第5.1节）

【修订内容】修订后的专利审查指南的规定：“**申请人委托专利代理机构使用电子文件形式申请专利和办理其他专利事务的，应当提交电子文件形式的专利代理委托书和专利代理委托书的纸件原件。申请人委托专利代理机构办理费用减缓手续的，应当在电子文件形式的专利代理委托书中声明。**

已在专利局交存总委托书，提出专利申请时在请求书中写明总委托书编号的，或者办理著录项目变更时在申报书中写明总委托书编号的，不需要提交电子形式的总委托书和总委托书复印件。”

【修订说明】

专利审查指南明确规定，申请人委托专利代理机构办理电子申请的，应当提交电子文件形式的专利代理委托书和纸件原件的专利代理委托书，以便审查员根据电子文件形式的专利代理委托书先期进行委托手续的审查，之后再根据纸件原件的专利代理委托书进行复查，从而节约程序。

对于已在专利局交存总委托书的，在办理专利申请或其他手续时只要写明总委托书编号即可，不需要再提交电子形式的总委托书或总委托书的复印件。这样，既满足了审查要求，又简化了手续。

（二）关于解除委托和辞去委托（第5.2节）

【修订内容】修订后的专利审查指南规定：“**电子申请的申请人已委托专利代理机构的，在办理解除委托或者辞去委托手续时，应当至少有一名申请人是电子申请用户。全体申请人均不是电子申请用户的，不予办理解除委托或者辞去委托手续，审查员**

应当发出视为未提出通知书，并告知当事人应当办理电子申请用户注册手续。

解除委托手续合格的，以办理解除委托手续的已成为电子申请用户的申请人为该专利申请的代表人。

辞去委托手续合格的，以指定的已成为电子申请用户的申请人为该专利申请的代表人。未指定代表人的，以第一署名并已成为电子申请用户的申请人为该专利申请的代表人。”

【修订说明】专利审查指南明确规定，电子申请的申请人已委托专利代理机构的，如果解除委托或者辞去委托，申请人中至少有一名是电子申请用户，否则不予办理相关手续。这一规定的主要目的是对于全体申请人均不是电子申请用户的，需要通知申请人办理电子申请用户注册手续，使得已经以电子文件形式提出申请专利的，能够继续以电子文件形式办理各种手续。

（三）关于撤销专利代理机构引起的变更（第5.3节）

【修订内容】修订后的专利审查指南规定：“**申请人委托的专利代理机构被国家知识产权局撤销，而申请人重新委托其他专利代理机构的，该专利代理机构应当是电子申请用户。**

申请人委托的专利代理机构被撤销，而申请人未重新委托其他专利代理机构的，如果申请人是中国内地的个人或者单位，且为电子申请用户的，以第一署名并成为电子申请用户的申请人为代表人；全体申请人都不是电子申请用户的，审查员应当以纸件形式通知申请人办理电子申请用户注册手续；根据专利法第十九条第一款规定，申请人应当委托专利代理机构的，审查员应当通知申请人重新委托其他已成为电子申请用户的专利代理机构。”

【修订说明】本着为申请人服务的宗旨，考虑申请人的利益，专利审查指南明确规定，对于申请人委托的专利代理机构被撤销，并且全体申请人都不是电子申请用户的，审查员应当通知申请人办理电子申请用户注册手续；对于涉外申请人，审查员应当通知申请人重新委托其他的已成为电子申请用户的专利代理机构。以确保每件电子申请在专利代理机构被撤销的情况下，申请人能够及时办理相关手续。

（四）关于专利申请权（或专利权）转移引起的变更（第5.4节）

【修订内容】修订后的专利审查指南规定：“**专利申请权（或专利权）转移引起的申请人（或专利权人）姓名或者名称的变更，变更后的权利人未委托专利代理机构的，该权利人应当是电子申请用户。变更后的权利人委托专利代理机构的，该专利代理机构应当是电子申请用户。**

著录项目变更手续应当以电子文件形式办理。以纸件形式提出著录项目变更请求的，审查员应当向当事人发出视为未提出通知书。”

【修订说明】对于专利申请权（或专利权）转移引起的申请人（或专利权人）姓名或者名称的变更，审查员应当审查变更后的申请人（或专利权人）是否为电子申请用户，变更后的全体申请人（或专利权人）均不是电子申请用户的，应当通知申请人办理电子申请用户注册手续，或者委托已是电子申请用户的专利代理机构，之后再以电子文件形式办理著录项目变更手续。

（五）关于需要提交纸件原件的文件（第5.5节）

【修订内容】修订后的专利审查指南规定：“**申请人提出电子申请并被受理的，办理专利申请的各种手续应当以电子文件形式提交。对专利法及其实施细则和本指南中规定的必须以原件形式提交的文件，例如，费用减缓证明、专利代理委托书、著录项目变更证明和复审及无效程序中的证据等，应当在专利法及其实施细则和本指南中规定的期限内提交纸件原件。**

第五部分

其中，申请专利时提交费用减缓证明的，申请人还应当同时提交费用减缓证明纸件原件的扫描文件。”

【修订说明】对于电子申请，在提交专利申请之后办理各种手续的，应当以电子文件形式提交。但是对于某些证明类文件及需要当事人签字或者盖章的文件必须提交纸件原件，例如，费用减缓证明、专利代理委托书、著录项目变更证明文件等。特别说明的是，在申请专利时提交费用减缓证明的，除提交纸件原件之外，还应当提交费用减缓证明纸件原件的扫描文件。审查员根据费用减缓证明的扫描文件先期进行费用减缓的审批，在收到费用减缓证明的纸件原件之后，再进行补充审查，从而简化了受理时的费用减缓审批程序。

（六）关于纸件申请与电子申请的转换（第5.6节）

【修订内容】修订后的专利审查指南规定：“**申请人或专利代理机构可以请求将纸件申请转换为电子申请，涉及国家安全或者重大利益需要保密的专利申请除外。**

提出请求的申请人或专利代理机构应当是电子申请用户，并且应当通过电子文件形式提出请求。经审查符合要求的，该专利申请后续手续均应当以电子文件形式提交。使用纸件形式提出请求的，审查员应当发出纸件形式的视为未提出通知书。”

【修订说明】随着电子专利申请系统的不断完善，为了满足申请人或代理人的需求，本节明确规定可以将现有的纸件申请转换为电子申请。首先，申请人或专利代理机构应当办理注册手续，成为电子申请用户。其次，通过电子文件形式提出将纸件申请转换为电子申请的请求。手续合格的，即可以转换为电子申请。

五、关于电子发文（第6节）

【修订内容】修订后的专利审查指南规定：“**专利局以电子**

文件形式通过电子专利申请系统向电子申请用户发送各种通知书和决定。电子申请用户应当及时接收专利局电子文件形式的通知书和决定。电子申请用户未及时接收的，不作公告送达。

自发文日起十五日内申请人未接收电子文件形式的通知书和决定的，专利局可以发出纸件形式的该通知书和决定的副本。”

【修订说明】明确规定了专利局向电子申请用户发送的各种通知书和决定，如果电子申请用户未及时接收的，对该通知书和决定不作公告送达。同时，考虑有些申请人，专利申请数量较少，不可能随时接收通知书，为消除申请人的后顾之忧，对自通知书发文日起十五日内申请人未接收通知书和决定的，专利局可以自通知书发文日起十五日之后发出纸件形式的该通知书和决定的副本，但通知书的发文日不变，用以提示申请人办理相关手续，避免延误期限。